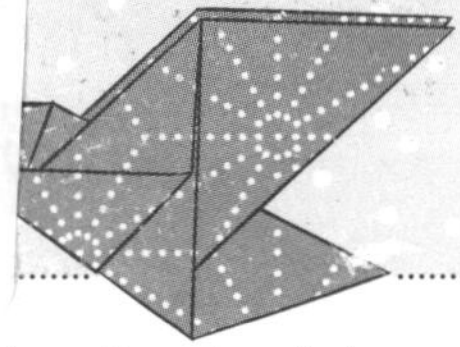

Origami ist, einfach gesagt, die Kunst des Papierfaltens.

Dabei ist Origami weit mehr als nur gefaltetes Papier. Es ist Geometrie, Poesie und Design. Im Origami können aus einer relativ kleinen Anzahl von Standard-Faltungen unendlich viele verschiedene Formen geschaffen werden, von ganz einfachen bis zu extrem komplizierten. Diese Formen können gegenständlich und figürlich sein oder abstrakt und sinnträchtig.

Die Diagramme – so werden fertige Origami-Modelle genannt – in „Bezaubernde Origami Tierchen“ sind alle wohlbekannt. Manche stellen Tiere dar, andere Insekten. Manche sind alt, andere neu. Eines aber haben sie alle gemeinsam, sie alle lassen sich aus einem quadratischen Stück relativ dünnen Papiers falten – weshalb dieses Arbeitsbuch 75 Seiten hübsch gemusterte Papiere enthält, mit denen Sie falten können, was Sie wollen. Für einige Diagramme werden Sie eine Schere brauchen. Auf den ersten Seiten sind die wichtigsten Grundformen und Faltungen beschrieben, die Sie bei Ihren Diagrammen ein ums andere Mal verwenden werden. Wenn Ihnen Origami noch ganz neu ist, wird Sie das Üben mit diesen Formen in die Thematik einführen. Sie werden in Windeseile lernen, wie Sie die reizenden, freundlichen Tierchen aus diesem Buch basteln. Und auch wenn Origami für Sie nichts Neues ist, kann ein bisschen Übung mit feinem Papier nicht schaden.

Fertige Origami-Diagramme können für sich als kleine Kunstwerke angesehen werden, sie lassen sich aber auch zu einer ganzen Menagerie kombinieren. Man kann sie zur Zierde auf Geschenken verwenden oder Mobiles aus ihnen gestalten. Man kann sie an Magneten befestigen und den Kühlschrank damit schmücken oder sie mit Anstecknadeln als modische Accessoires tragen. Die Möglichkeiten sind unendlich. Alles, was Sie brauchen, ist Ihre Vorstellungskraft und ein schönes Stück Papier. Frohes Falten!

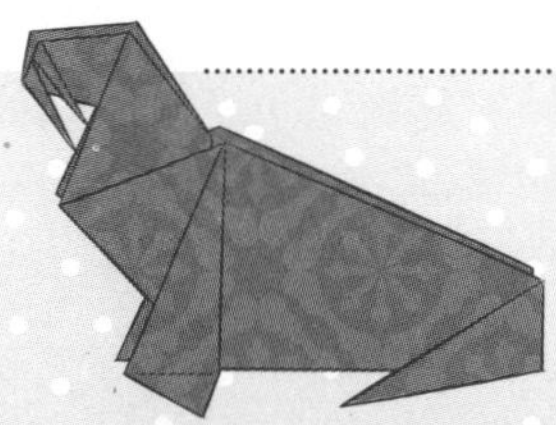

NACH VORNE FALTEN
Falten Sie in Pfeilrichtung.

NACH HINTEN FALTEN
Falten Sie nach hinten in Pfeilrichtung.

FALTEN UND ENTFALTEN
Falten und entfalten Sie in Pfeilrichtung.

WENDEN
Wenden Sie das Diagramm oder Papier.

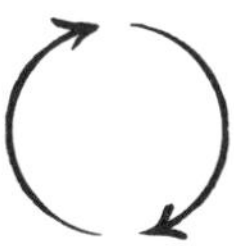

DREHEN
Drehen Sie das Diagramm oder Papier.

HERAUSZIEHEN
Ziehen Sie in Pfeilrichtung.

SCHNEIDEN
Schneiden Sie das Papier vorsichtig mit einer Schere oder einem Cutter wie gezeigt.

Pfeile und Symbole

Diese Standard-Symbole werden in den Anleitungen für die unterschiedlichen Diagramme auftauchen, die in diesem Buch enthalten sind. Sie werden Ihnen helfen, die Diagramme zu verstehen.

Faltungen

Origami beschäftigt sich mit einer Reihe von Grundformen, von ganz einfachen bis zu solchen, die es in sich haben. Üben Sie diese Formen auf weniger schickem Papier, bevor Sie ein Diagramm angehen. Experimentieren Sie beim Falten mit unterschiedlichen Winkeln und Proportionen und sehen Sie selbst, wie das Ihre Endresultate beeinflusst.

TALFALTEN
Talfalten-Linie.

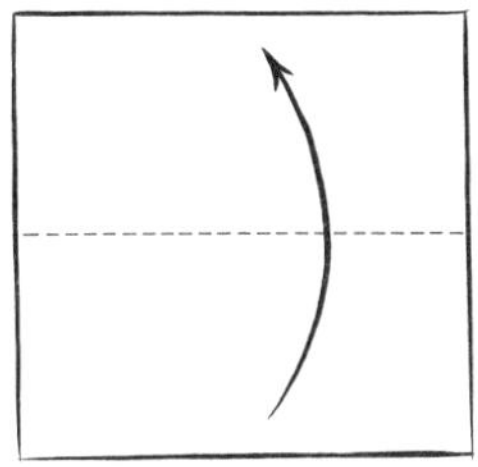

Falten Sie so, dass die Talfalten-Linie auf der Innenseite der Faltung liegt.

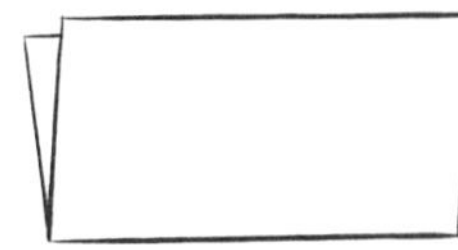

FERTIGE TALFALTE

BERGFALTE
Bergfalten-Linie

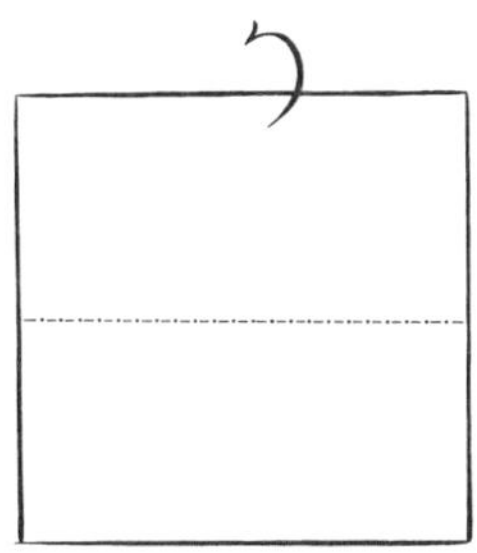

Falten Sie so, dass die Bergfalten-Linie außen liegt.

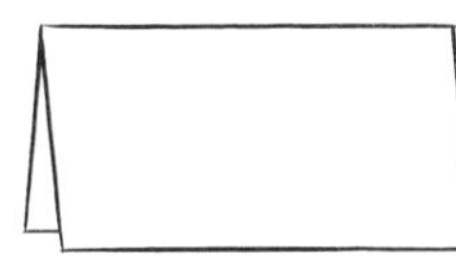

FERTIGE BERGFALTE

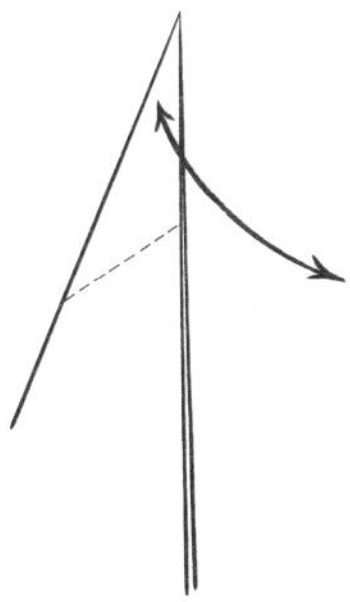

INNERE GEGENBRUCH-FALTE

SCHRITT 1: *Falten und entfalten Sie, um eine Faltlinie zu erhalten.*

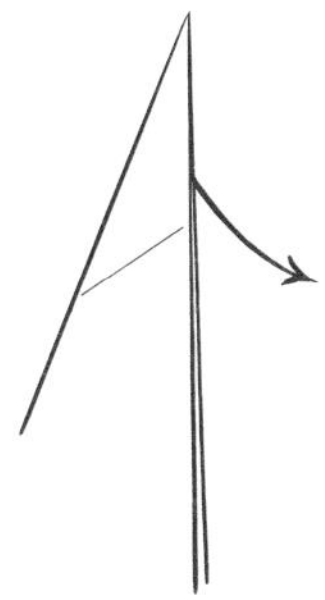

SCHRITT 2: *Ziehen Sie die Seiten vorsichtig nach außen und klappen Sie dabei die Spitze nach unten (zwischen die Seiten).*

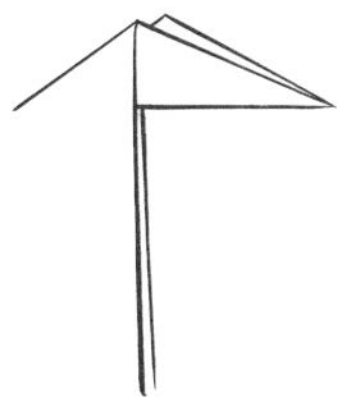

FERTIGE INNERE GEGENBRUCHFALTE

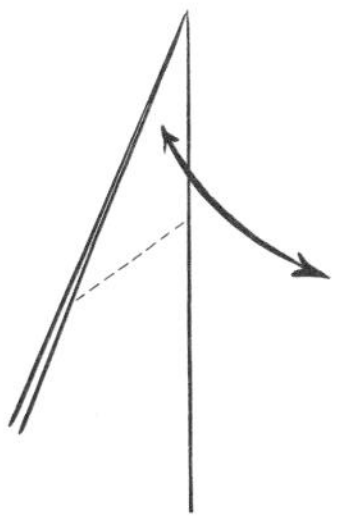

ÄUSSERE GEGENBRUCH-FALTE

SCHRITT 1: *Falten und entfalten Sie, um eine Faltlinie zu erhalten.*

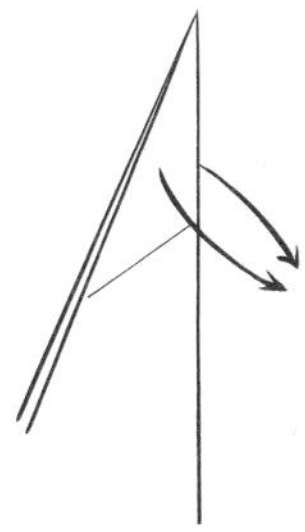

SCHRITT 2: *Ziehen Sie die Seiten vorsichtig nach außen und unten und klappen Sie die Spitze darüber (über die Seiten).*

FERTIGE ÄUSSERE GEGENBRUCHFALTE

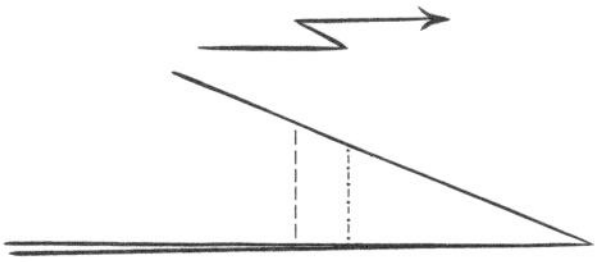

ZICK-ZACK-FALTE

Eine Zick-Zack-Falte kombiniert Tal- und Bergfalte zu einer Art Treppenstufe.

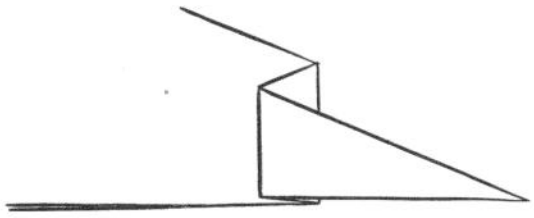

SCHRITT 1: *Machen Sie Tal- und Bergfalten, wo angegeben.*

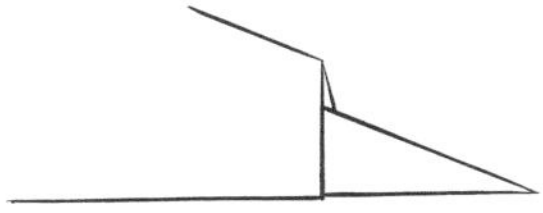

SCHRITT 2: *Falten Sie entlang der Bergfalte nach innen und entlang der Talfalte wieder nach außen, um die Zick-Zack-Falte fertigzustellen.*

Grundformen

Aus einer Handvoll Grundformen können Sie unzählige Origami-Diagramme falten. Es ist ratsam, zum Üben zunächst weniger schickes Papier zu verwenden. Es kommt darauf an, dass Sie die Anleitungen genau befolgen.

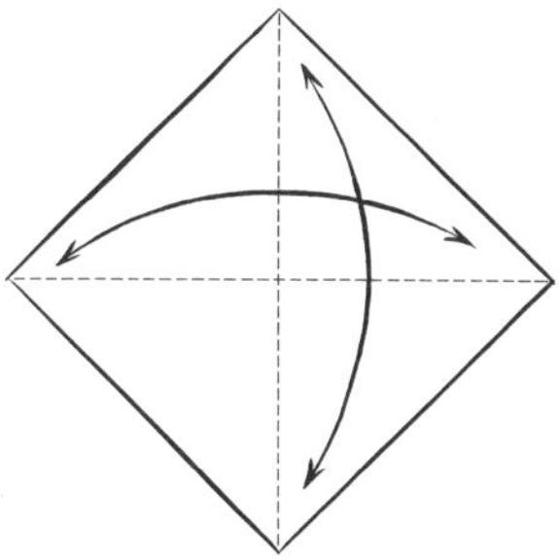

ZUSAMMENGESCHOBENES QUADRAT

SCHRITT 1: *Falten und entfalten Sie von Ecke zu Ecke.*

SCHRITT 2: *Wenden Sie.*

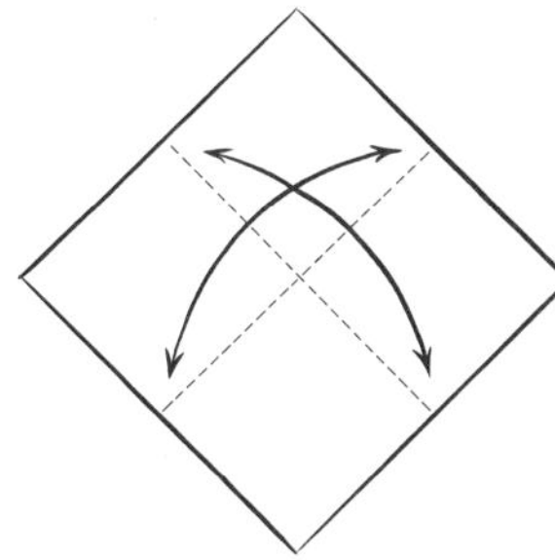

SCHRITT 3: *Falten und entfalten Sie von Kante zu Kante.*

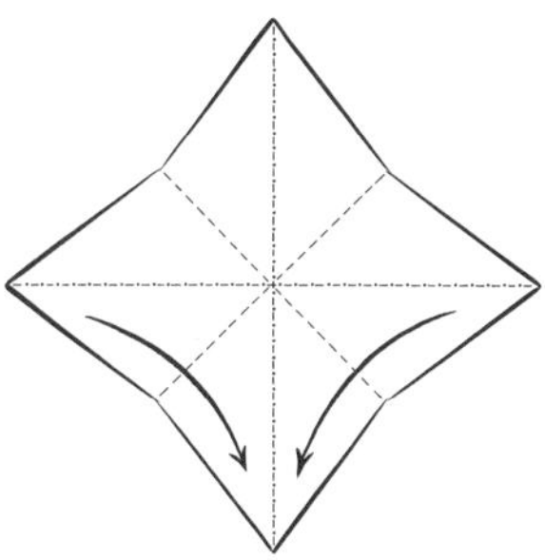

SCHRITT 4: *Ziehen Sie die äußeren Ecken nach oben und klappen Sie diese in Richtung der unteren Ecke, dann falten Sie die obere Ecke nach unten.*

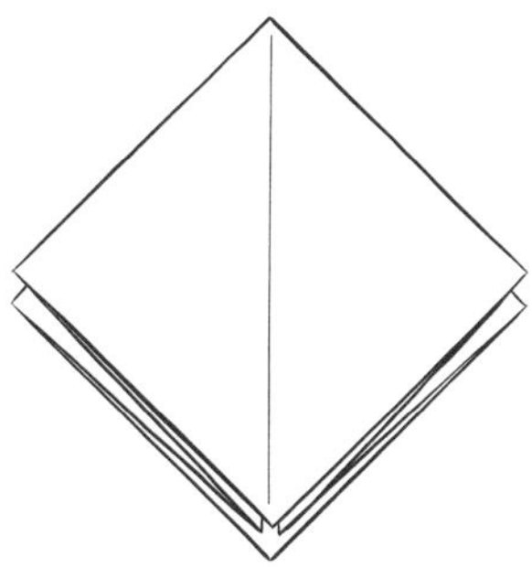

FERTIGES ZUSAMMENGESCHOBENES QUADRAT

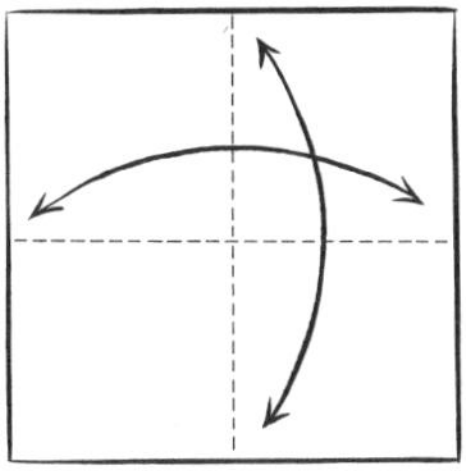

ZUSAMMENGESCHOBENES DREIECK

SCHRITT 1: Falten und entfalten Sie von Kante zu Kante.

SCHRITT 2: Wenden Sie.

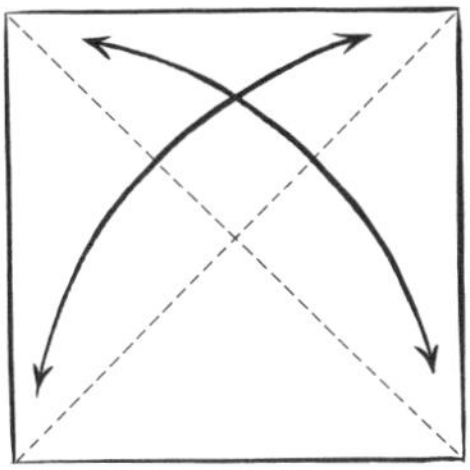

SCHRITT 3: Falten und entfalten Sie von Ecke zu Ecke.

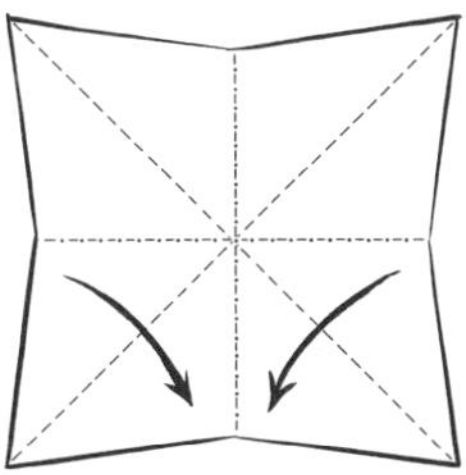

SCHRITT 4: Ziehen Sie die Falten in der Mitte der Seiten zur unteren Falte in der Mitte, dann schieben Sie die Form zusammen.

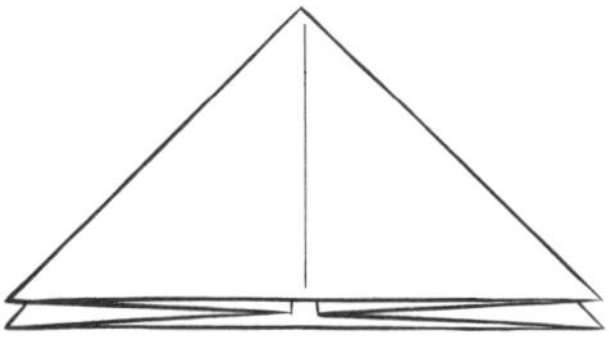

FERTIGES ZUSAMMENGESCHOBENES DREIECK

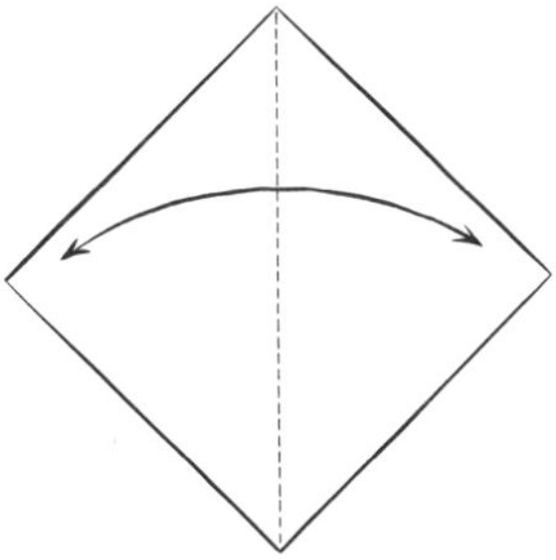

DRACHENFORM

SCHRITT 1: Falten und entfalten Sie.

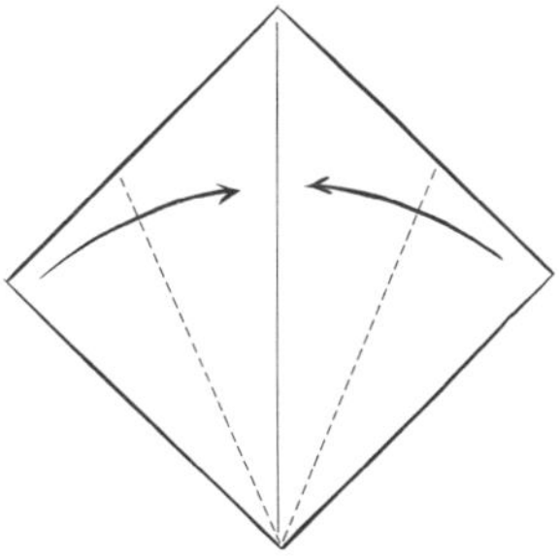

SCHRITT 2: Falten Sie die äußeren Kanten in Richtung Mitte.

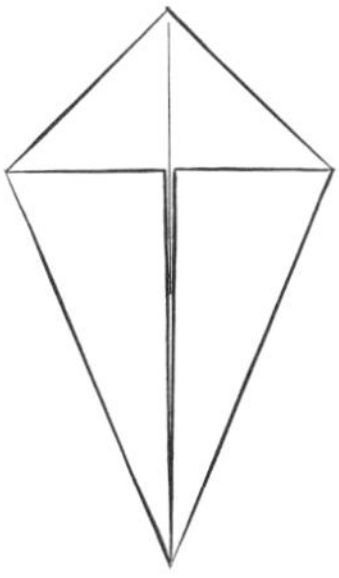

FERTIGE DRACHENFORM

Grundformen

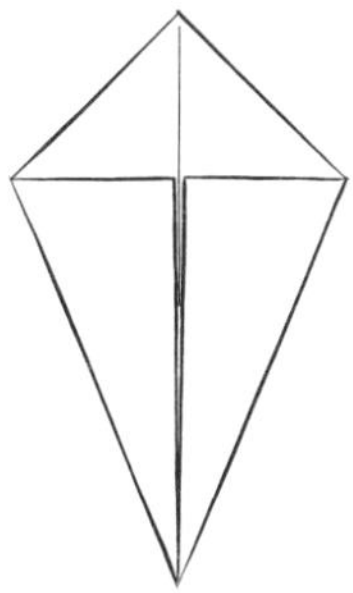

DIAMANT-GRUNDFORM

SCHRITT 1: *Fangen Sie mit einer fertigen Drachenform an.*

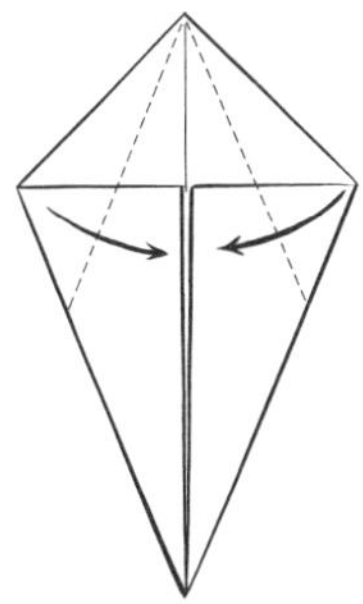

SCHRITT 2: *Falten Sie die äußeren Ecken in Richtung Mitte.*

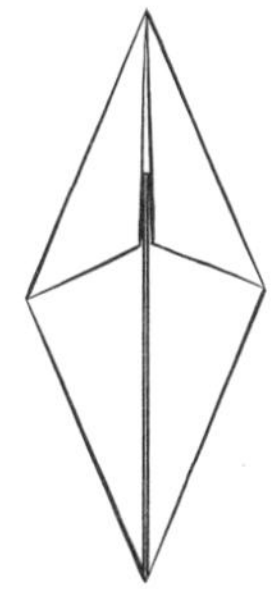

FERTIGE DIAMANT-GRUNDFORM

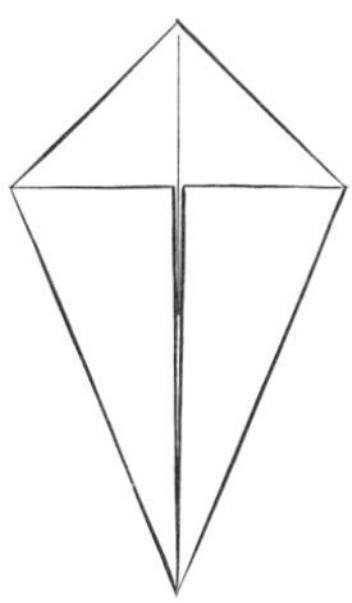

FISCH-GRUNDFORM

SCHRITT 1: *Fangen Sie mit einer fertigen Drachenform an.*

SCHRITT 2: *Wenden Sie.*

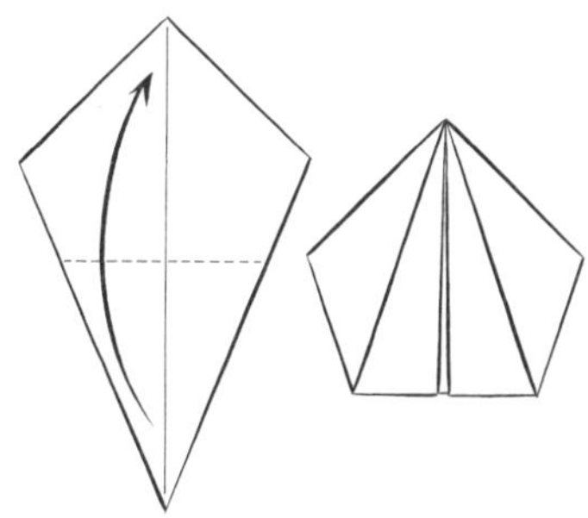

SCHRITT 3: *Falten Sie noch oben.*

SCHRITT 4: *Wenden Sie.*

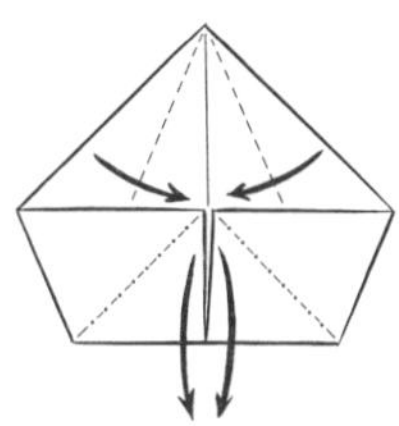

SCHRITT 5: *Falten Sie die äußeren Ecken zur Mitte und gleichzeitig die inneren nach unten.*

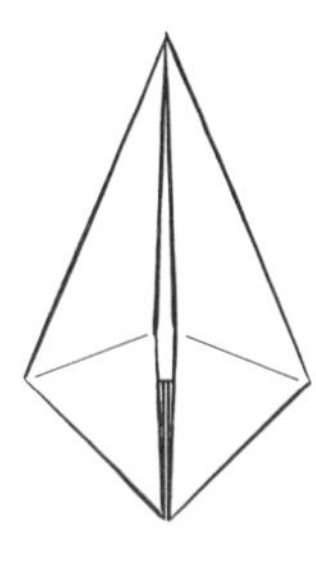

FERTIGE FISCH-GRUNDFORM

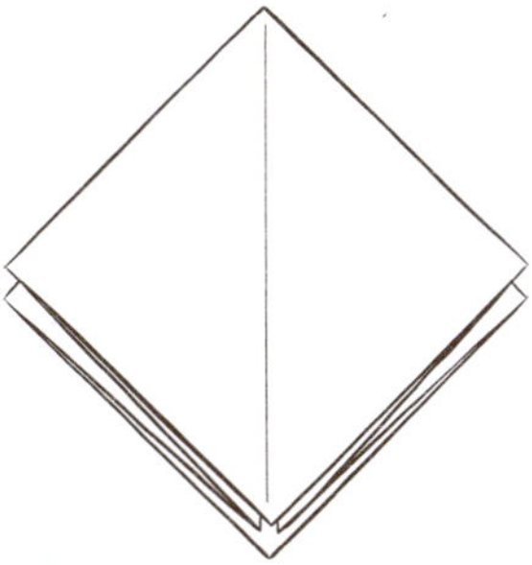

VOGEL-GRUNDFORM

SCHRITT 1: Fangen Sie mit einem zusammengeschobenen Quadrat an.

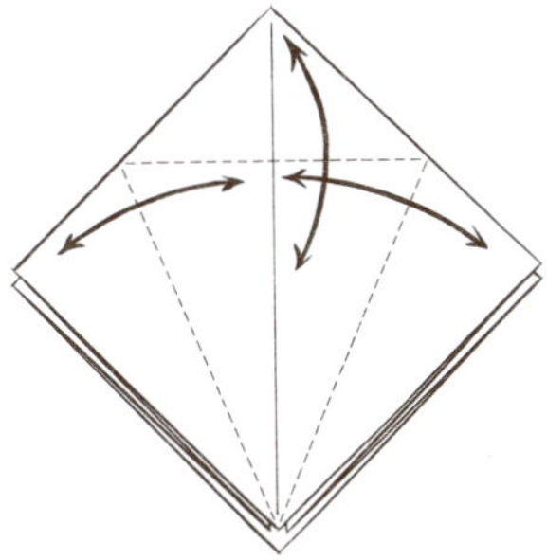

SCHRITT 2: Falten und entfalten Sie die äußeren Ecken und die obere.

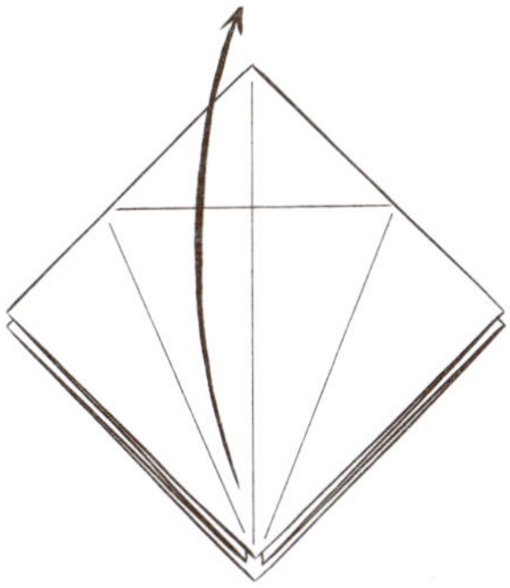

SCHRITT 3: Falten Sie nur die oberste Schicht von der unteren Ecke nach oben.

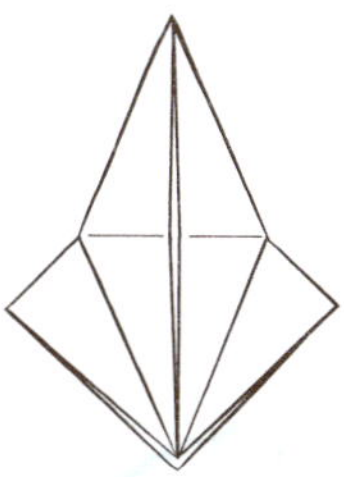

… dabei heben sich die äußeren Ecken …

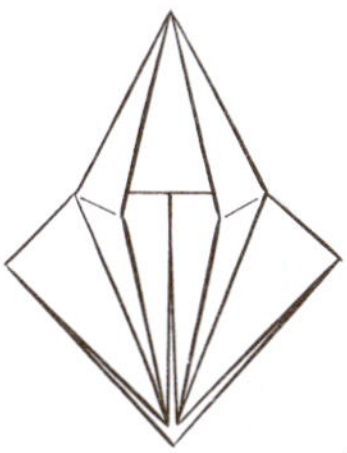

… und bewegen sich in Richtung Mitte.

SCHRITT 4: Wenden Sie.

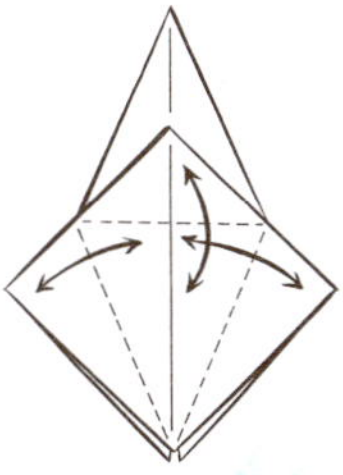

SCHRITT 5: Falten und entfalten Sie die äußeren Ecken und die obere wie auf der anderen Seite.

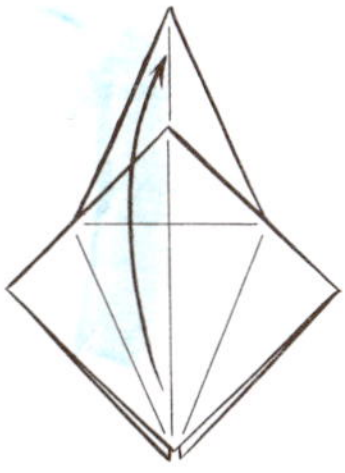

SCHRITT 6: Falten Sie die obere Schicht von der unteren Ecke nach oben.

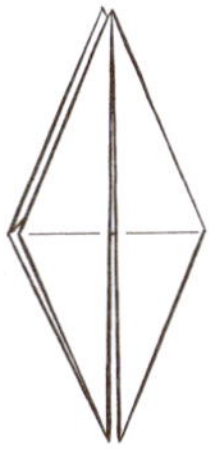

FERTIGE VOGEL-GRUNDFORM

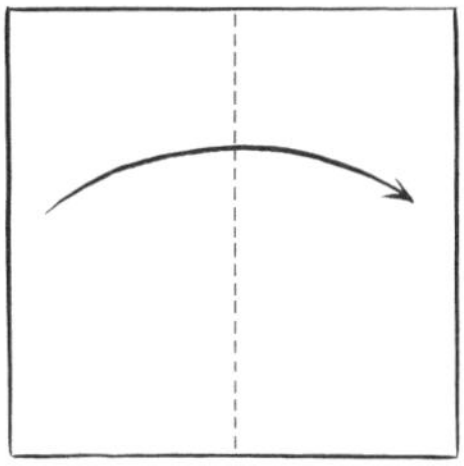

SCHRITT 1: *Falten Sie das Papier in vertikaler Richtung.*

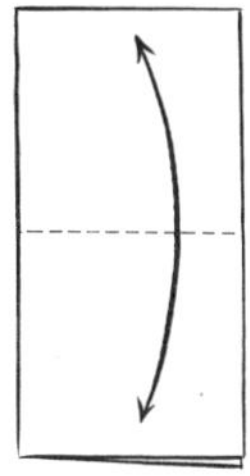

SCHRITT 2: *Falten und entfalten Sie in horizontaler Richtung.*

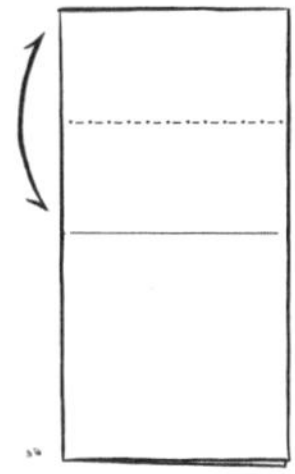

SCHRITT 3: *Falten und entfalten Sie die obere Hälfte nach hinten, um eine Bergfalte zu erhalten.*

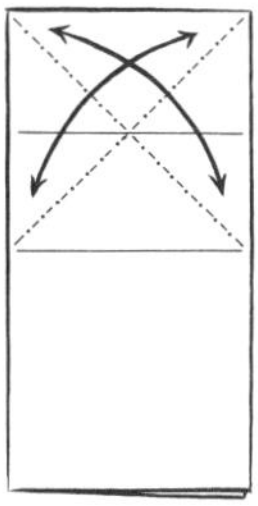

SCHRITT 4: *Falten und entfalten Sie die Ecken des oberen Quadrats diagonal.*

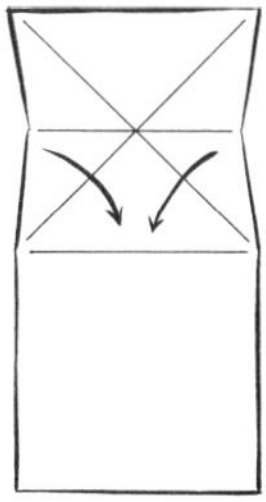

SCHRITT 5: *Falten Sie die Seiten ein, um ein Dreieck zu erhalten.*

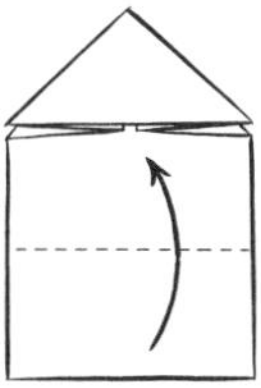

SCHRITT 6: *Falten Sie nach oben.*

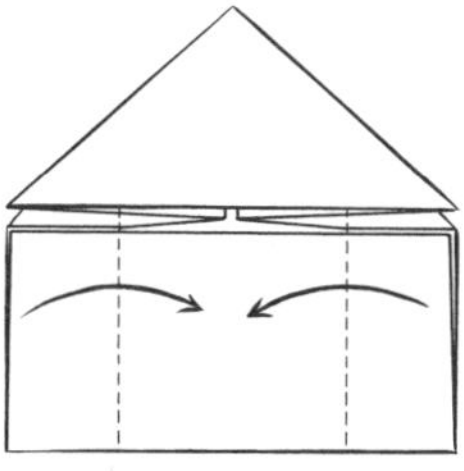

SCHRITT 7: *Falten Sie die Seiten zur Mitte.*

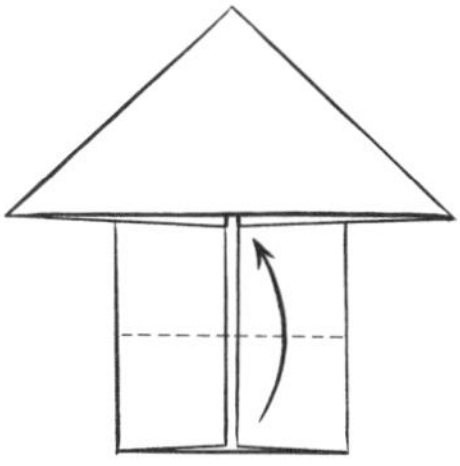

SCHRITT 8: *Falten Sie von unten nach oben.*

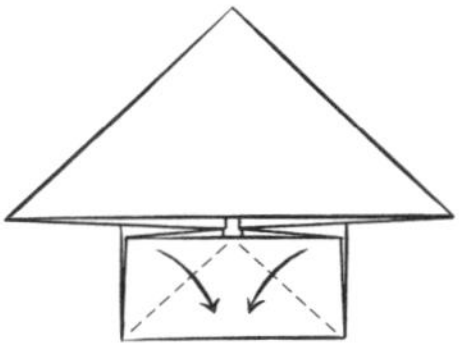

SCHRITT 9: *Falten Sie die Ecken nach unten.*

Frosch

Dieser Frosch kann, wenn er fertig ist, tatsächlich springen! Probieren Sie ihn mit einem Freund oder einer Freundin aus, und schauen Sie, wessen Frosch höher und weiter springt.

Frosch

SCHRITT 10: Ziehen Sie die Ecken nach außen.

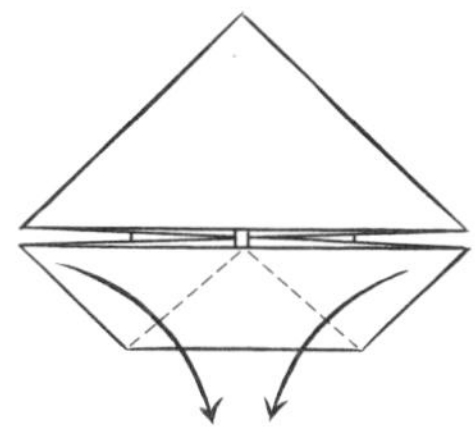

SCHRITT 11: Falten Sie die Spitzen nach unten.

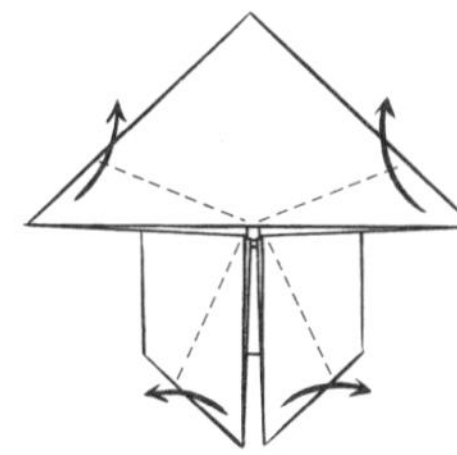

SCHRITT 12: Falten Sie die oberen Spitzen nach oben und die unteren nach außen.

SCHRITT 13: Wenden Sie.

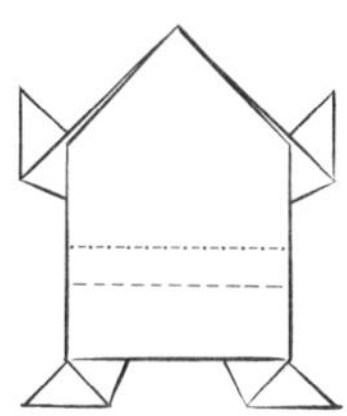

SCHRITT 14: Machen Sie eine Zick-Zack-Falte.

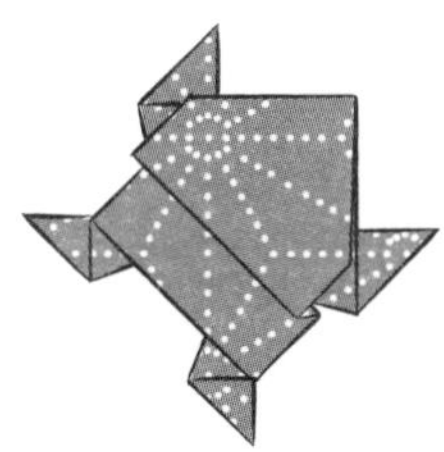

FERTIGER FROSCH

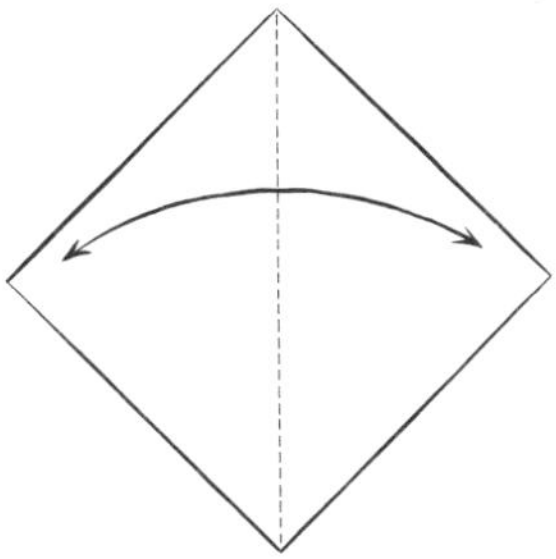

SCHRITT 1: Falten und entfalten Sie.

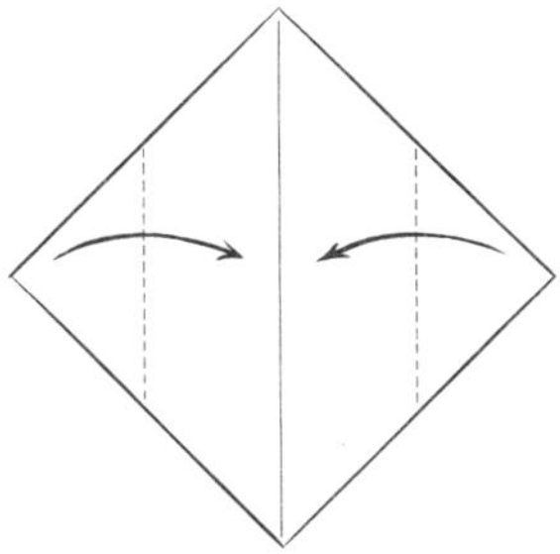

SCHRITT 2: Falten Sie die seitlichen Ecken zur Mitte.

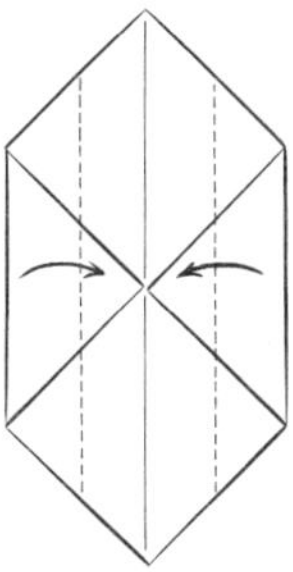

SCHRITT 3: Falten Sie die Seiten ein.

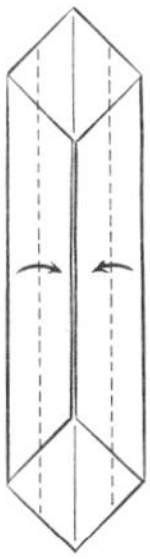

SCHRITT 4: Falten Sie die Seiten erneut ein.

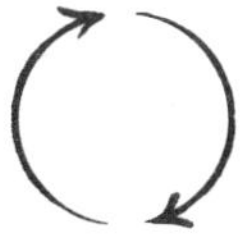

SCHRITT 5: Drehen Sie.

SCHRITT 6: Falten Sie die unteren Ecken zur Mitte.

SCHRITT 7: Falten Sie vertikal zur Hälfte.

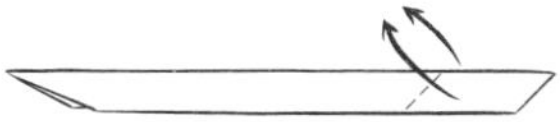

SCHRITT 8: Falten Sie hier nach oben, um eine nach außen gedrehte Faltung für den Nacken anzulegen.

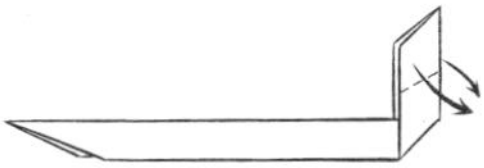

SCHRITT 9: Machen Sie eine weitere nach außen gedrehte Faltung für den Kopf.

Schlange

Zsss . . . diese dünne, schlängelnde Schlange ist ein tolles Anfängerprojekt.

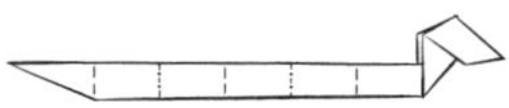

STEP 10: Machen Sie abwechselnde Tal- und Bergfalten, damit sich die Schlange schlängeln kann.

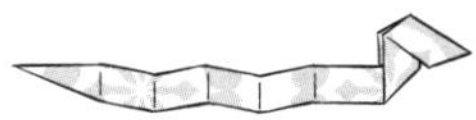

FERTIGE SCHLANGE

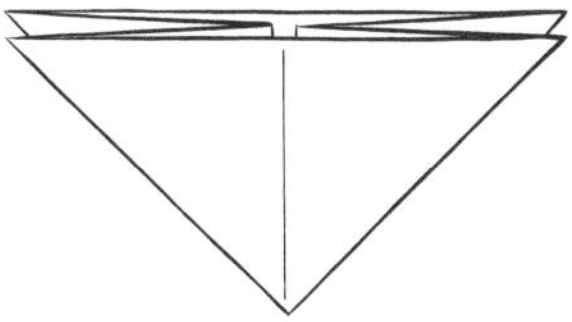

SCHRITT 1: Fangen Sie mit einem umgedrehten zusammengeschobenen Dreieck an.

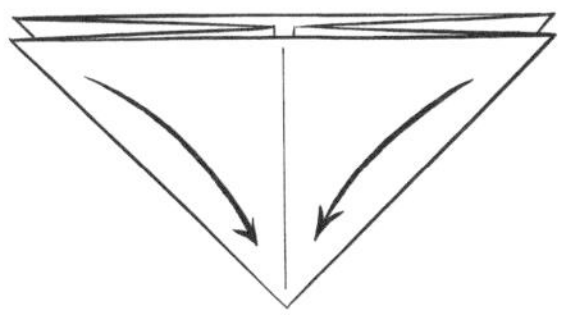

SCHRITT 2: Falten Sie die oberen Ecken nach unten.

SCHRITT 3: Drehen Sie.

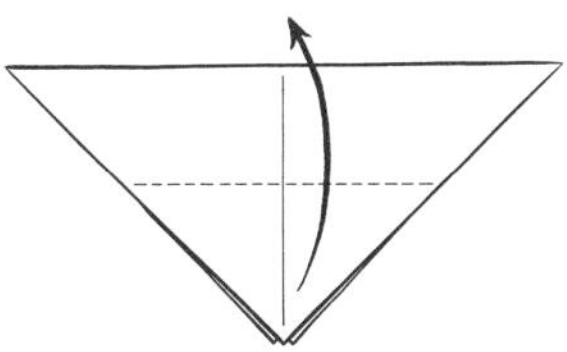

SCHRITT 4: Falten Sie nach oben.

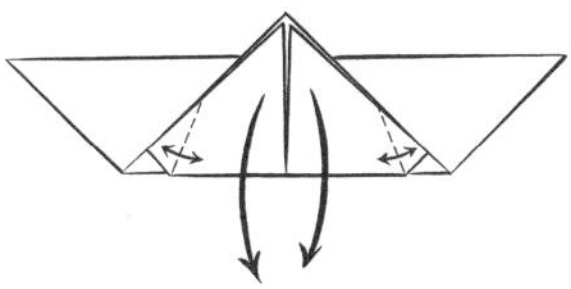

SCHRITT 5: Um Faltungen zu erhalten, falten und entfalten Sie die seitlichen Ecken, dann ziehen Sie die oberen beiden Spitzen nach unten.

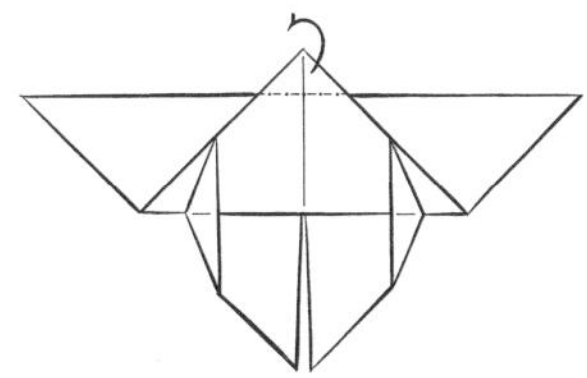

SCHRITT 6: Falten Sie die obere Spitze nach hinten.

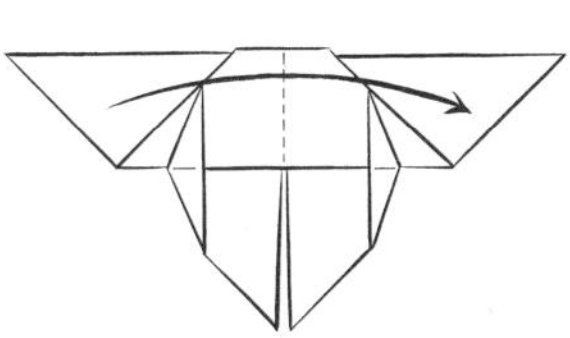

SCHRITT 7: Falten Sie vertikal zur Hälfte.

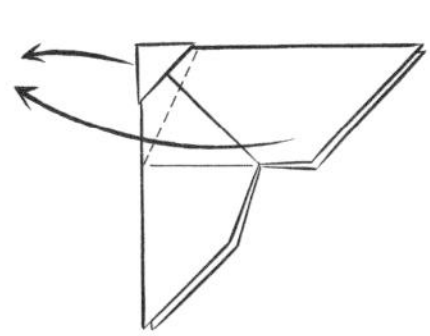

SCHRITT 8: Falten Sie die Flügel nach vorne.

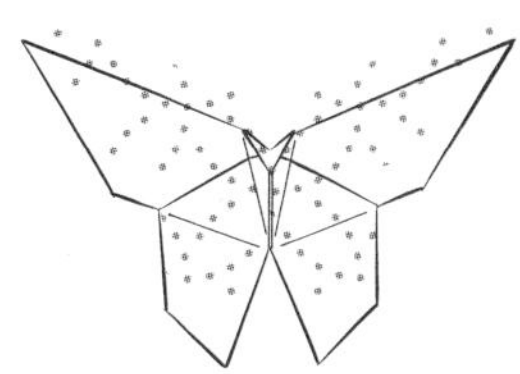

FERTIGER SCHMETTERLING

Schmetterling

Diese bunt geflügelte Kreatur ist eine der schönsten Launen der Natur. Reihen Sie ein paar zu einem Banner zusammen und geben Sie ihnen einen Lebensraum.

Hase

Dieser kleine Hase kann schnell nachgebildet werden. Machen Sie ein paar davon. Wechseln Sie dabei zwischen äußerer Musterung oder nur innen gemusterten Ohren.

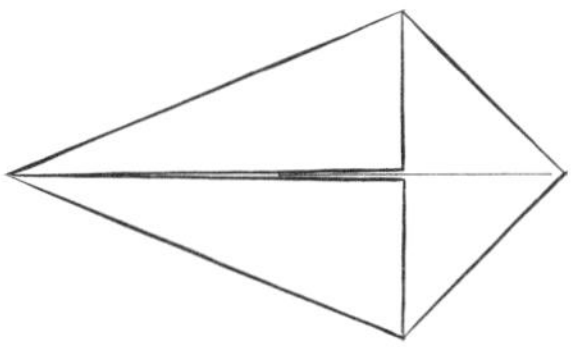

SCHRITT 1: *Fangen Sie mit einer fertigen Drachenform an.*

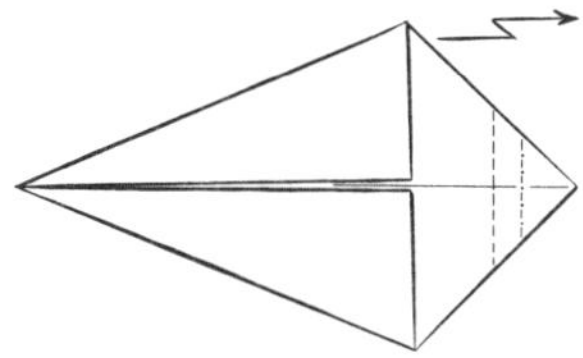

SCHRITT 2: *Machen Sie eine Zick-Zack-Falte.*

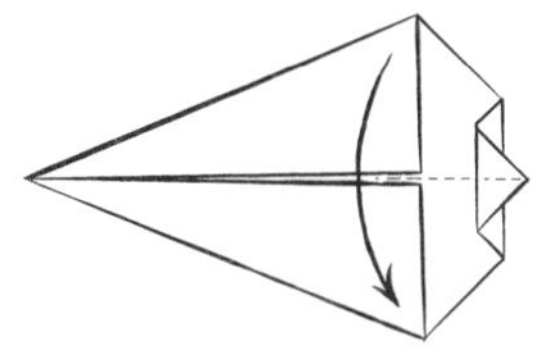

SCHRITT 3: *Falten Sie horizontal zur Hälfte.*

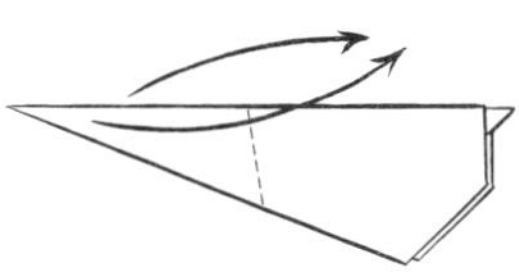

SCHRITT 4: *Falten Sie die Spitze nach oben für eine äußere Umkehr-Falte.*

SCHRITT 5: *Schneiden Sie entlang der Falte etwa zwei Drittel des Weges nach unten. Öffnen und formen Sie die Ohren*

FERTIGER HASE

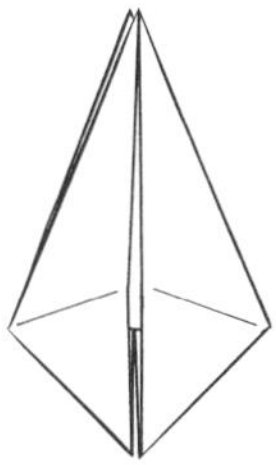

SCHRITT 1: *Fangen Sie mit einer fertigen Fisch-Grundform an.*

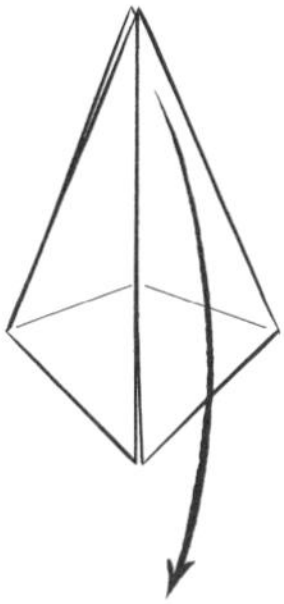

SCHRITT 2: *Falten Sie die Spitze nach unten.*

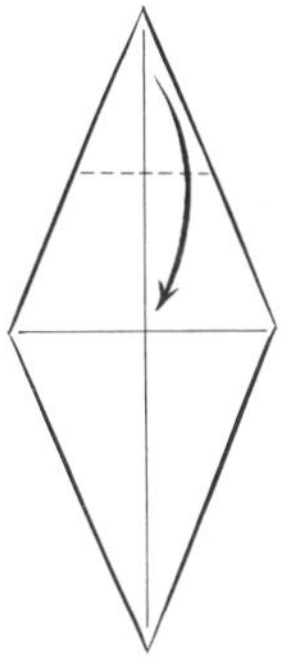

SCHRITT 3: *Falten Sie wiederum die Spitze nach unten.*

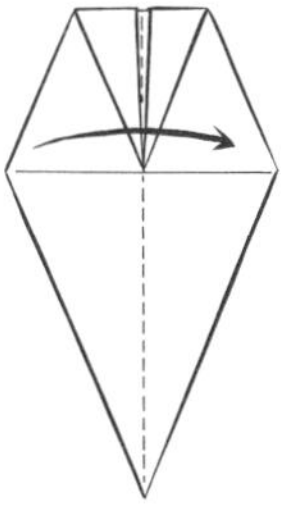

SCHRITT 4: *Falten Sie vertikal zur Hälfte.*

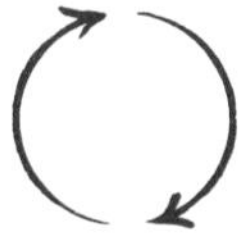

SCHRITT 5: *Drehen Sie.*

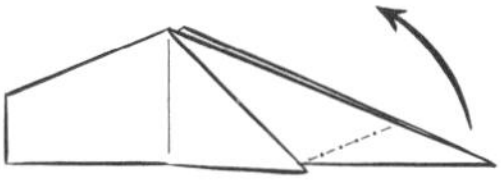

SCHRITT 6: *Falten Sie den Schwanz nach oben für eine innere Umkehr-Falte.*

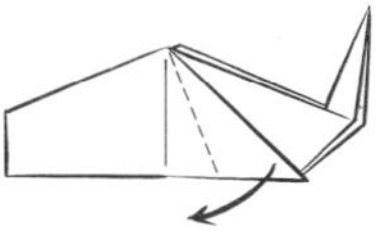

SCHRITT 7: *Falten Sie die Flossen nach vorne.*

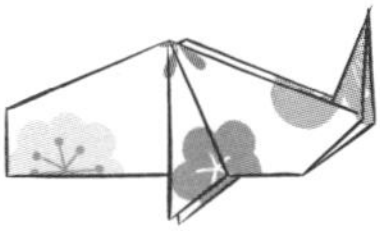

FERTIGER KARPFEN

Karpfen

Der Karpfen, in Japan „koi“ genannt, ist ein klassisches japanisches Symbol und wird oft auf bunten Drachen dargestellt.

Schildkröte

Schildkröten sind Reptilien. Sie leben an Land oder in frischem Salzwasser. Schildkröten sind langsam und ruhig und können ein stattliches Alter erreichen.

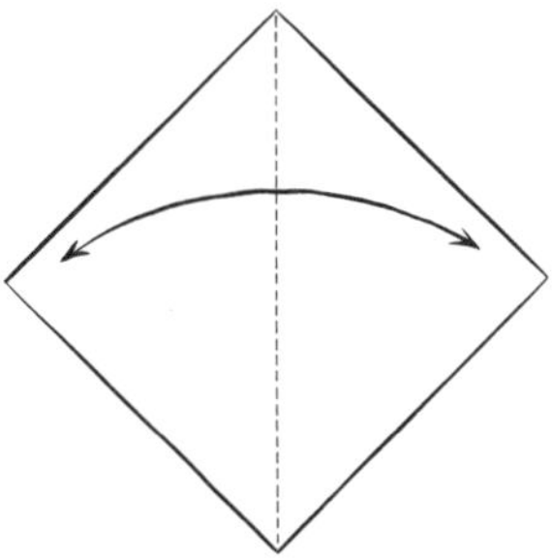

SCHRITT 1: Falten und entfalten Sie in vertikaler Richtung.

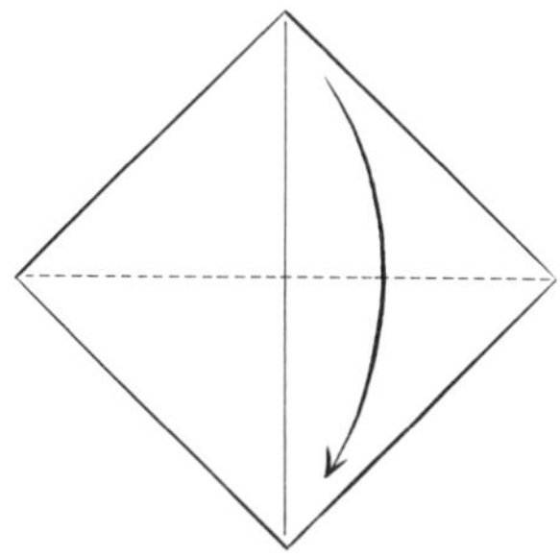

SCHRITT 2: Falten Sie nun nach unten.

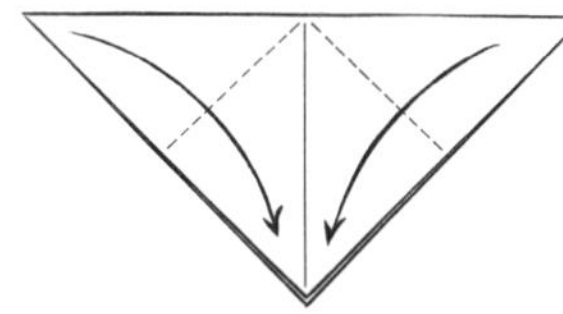

SCHRITT 3: Falten Sie die Ecken nach unten.

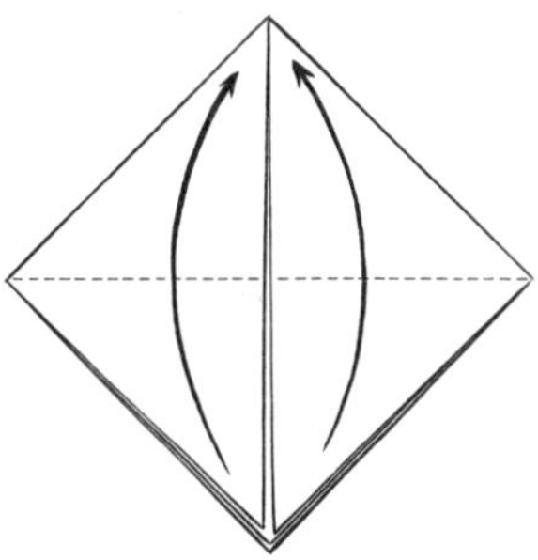

SCHRITT 4: Falten Sie die Spitzen nach oben.

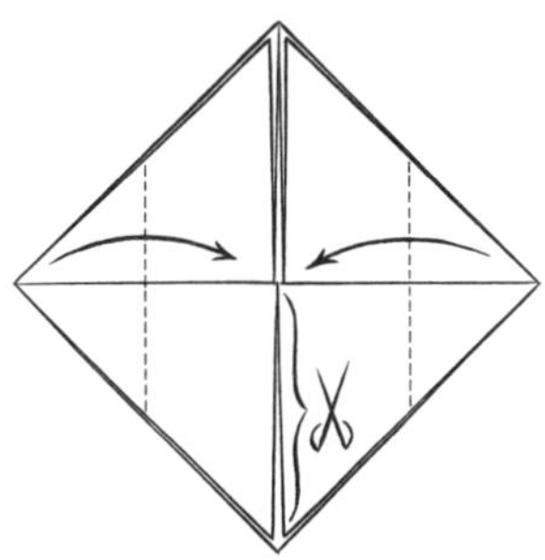

SCHRITT 5: Schneiden Sie nur die oberste Schicht vom untersten Punkt bis zur Mitte und falten Sie die äußeren Ecken ein.

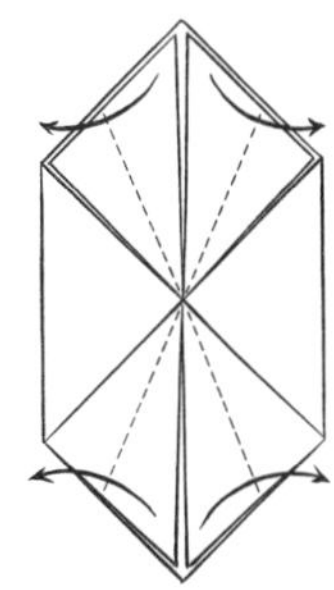

SCHRITT 6: Falten Sie die Spitzen nach außen.

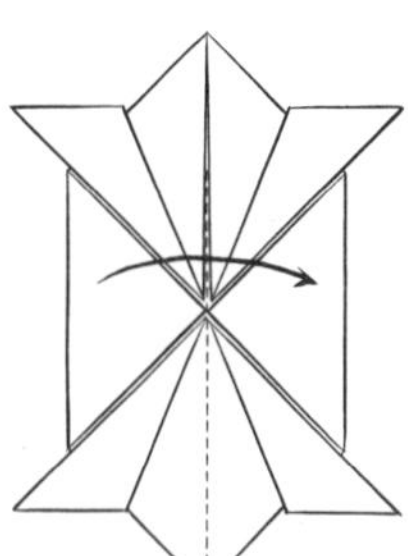

SCHRITT 7: Falten Sie vertikal zur Hälfte.

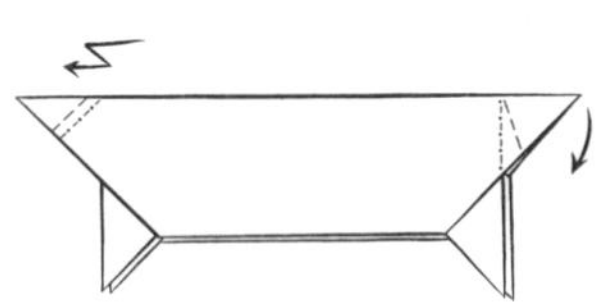

SCHRITT 8: Machen Sie eine gerade Zick-Zack-Falte für den Schwanz und eine angewinkelte Zick-Zack-Falte für den Kopf.

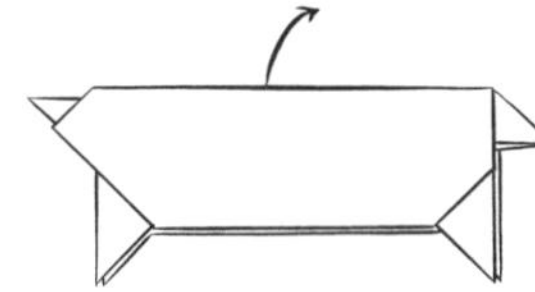

SCHRITT 9: Entfalten Sie.

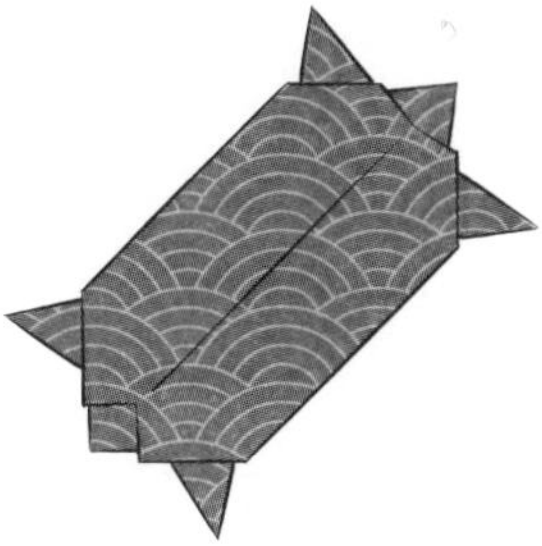

FERTIGE SCHILDKRÖTE

Taube

Eine Taube steht symbolisch für Frieden und Liebe. Was die Welt jetzt braucht, sind Tauben, mehr Tauben!

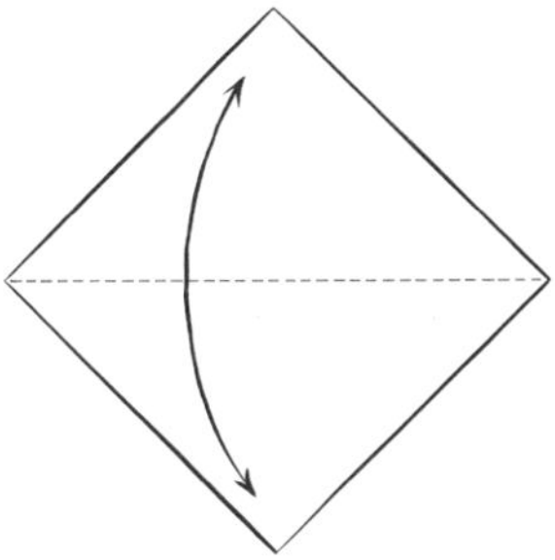

SCHRITT 1: *Falten und entfalten Sie in horizontaler Richtung.*

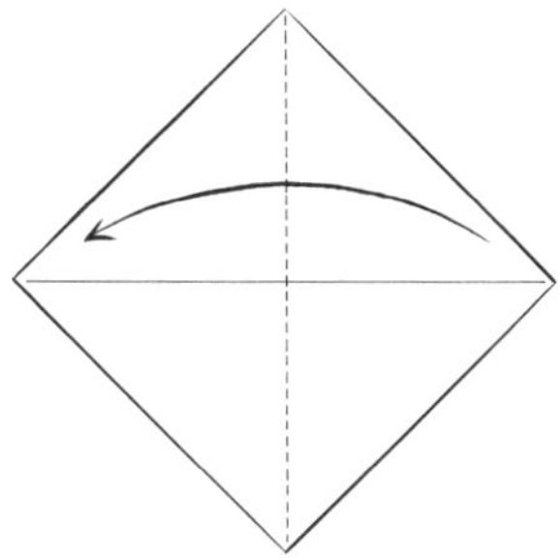

SCHRITT 2: *Falten Sie zur Hälfte.*

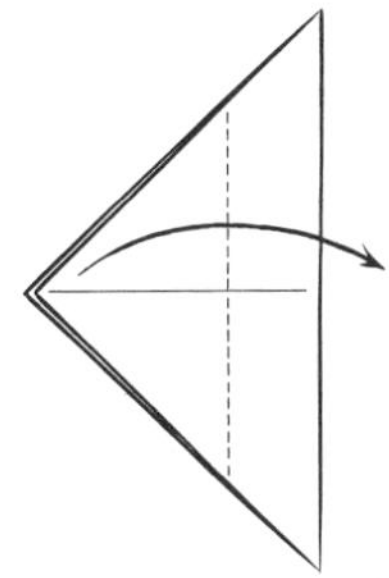

SCHRITT 3: *Falten Sie etwa zwei Drittel über.*

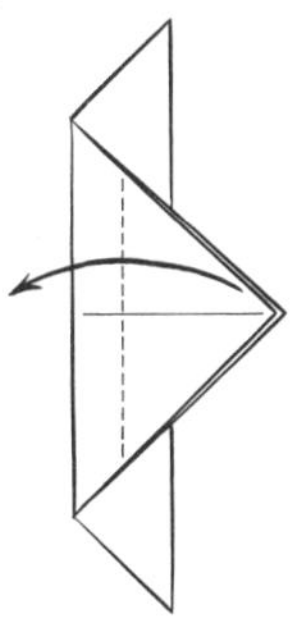

SCHRITT 4: *Falten Sie nur die obere Schicht etwa zwei Drittel über.*

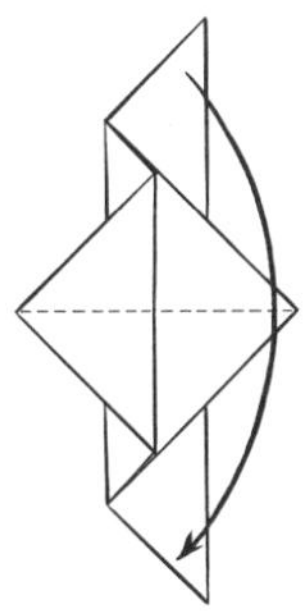

SCHRITT 5: *Falten Sie nach unten.*

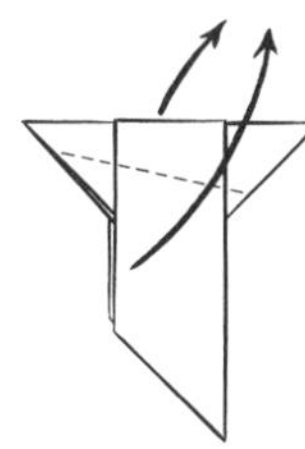

SCHRITT 6: *Falten Sie die Flügel nach oben.*

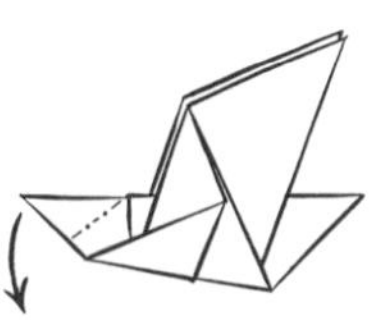

SCHRITT 7: *Für den Kopf der Taube machen Sie eine innere Umkehr-Falte.*

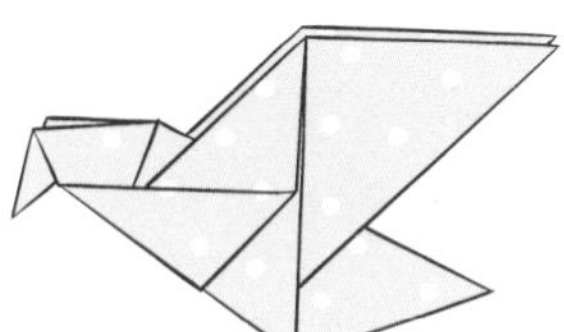

FERTIGE TAUBE

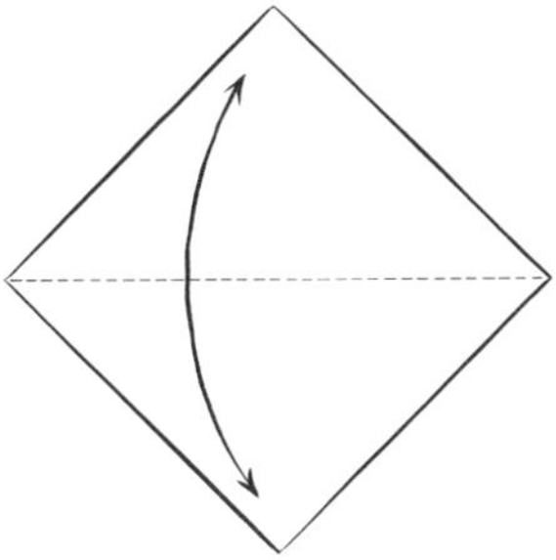

SCHRITT 1: *Falten und entfalten Sie in horizontaler Richtung.*

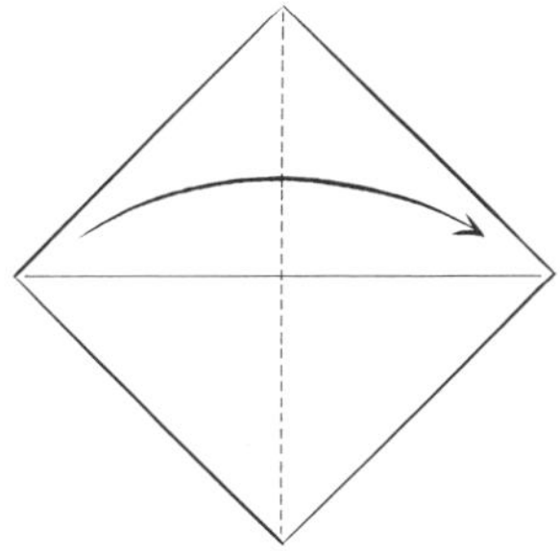

SCHRITT 2: *Falten Sie zur Hälfte.*

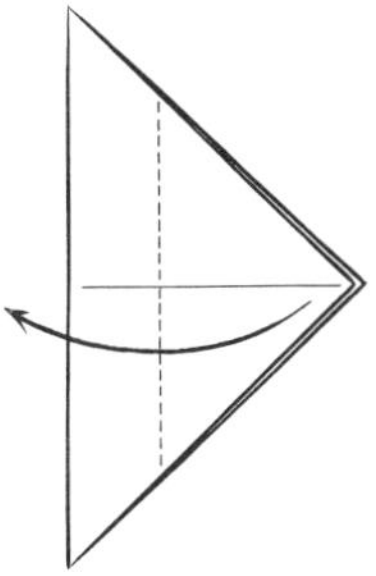

SCHRITT 3: *Falten Sie etwa zwei Drittel über.*

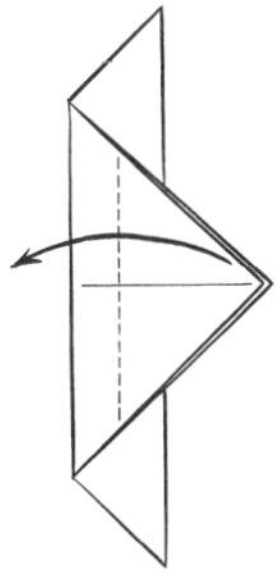

SCHRITT 4: *Falten Sie nur die obere Schicht etwa zwei Drittel über.*

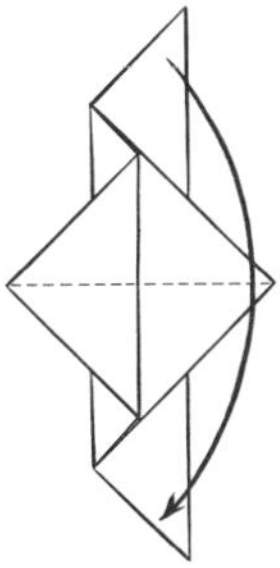

SCHRITT 5: *Falten Sie nach unten.*

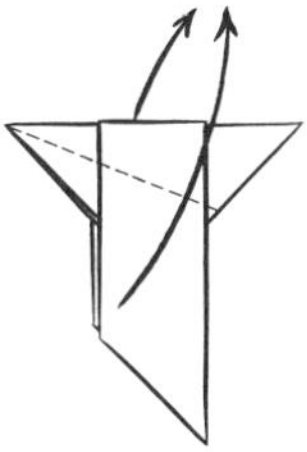

SCHRITT 6: *Falten Sie die Flügel nach oben.*

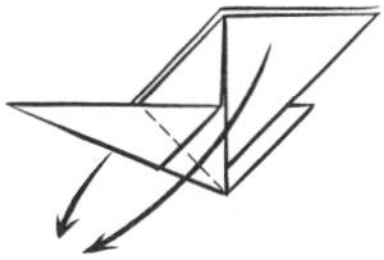

SCHRITT 7: *Falten Sie nach unten.*

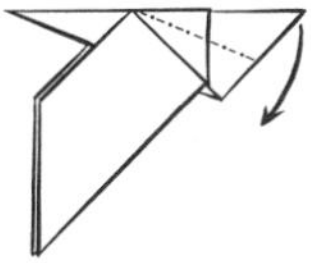

SCHRITT 8: *Machen Sie eine innere Umkehr-Falte für den Schwanz.*

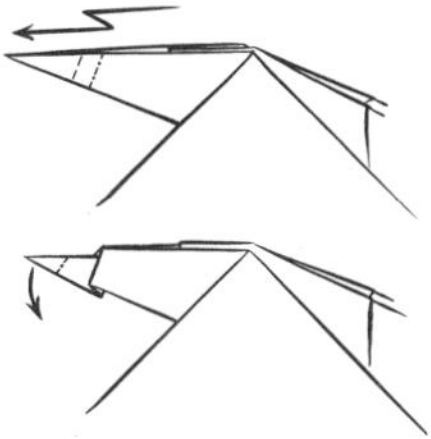

SCHRITT 9: *(Kopf-Detail) Machen Sie eine Zick-Zack-Falte und eine innere Umkehr-Falte für den Schnabel des Adlers.*

Adler

Der Adler ist ein Greifvogel, bekannt für seinen scharfen Blick und seine Flugkünste. Es heißt, manche der Origami-Adler fliegen auch ganz gut.

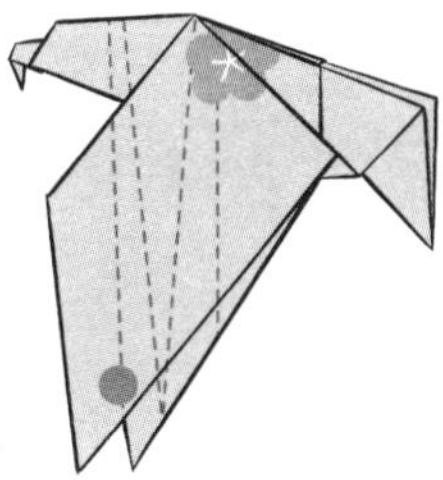

FERTIGER ADLER

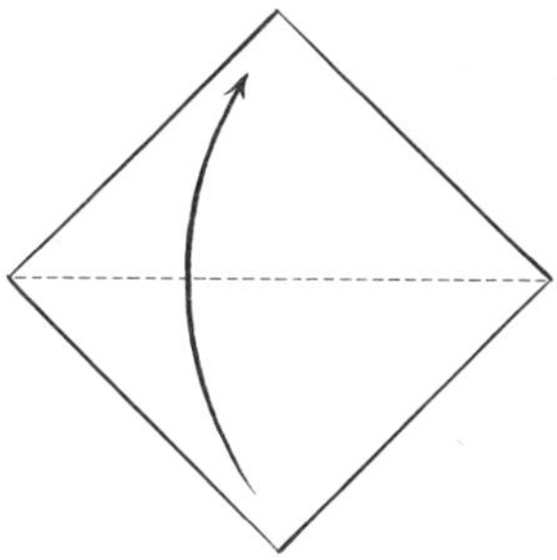

SCHRITT 1: Falten Sie nach oben.

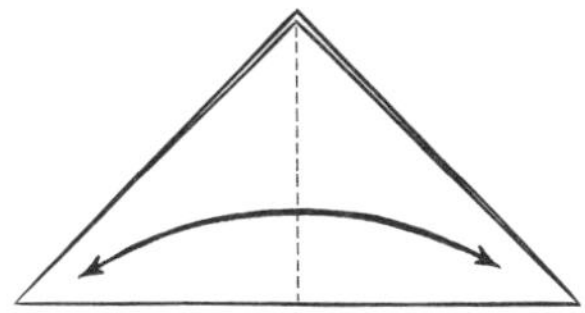

SCHRITT 2: Falten und entfalten Sie.

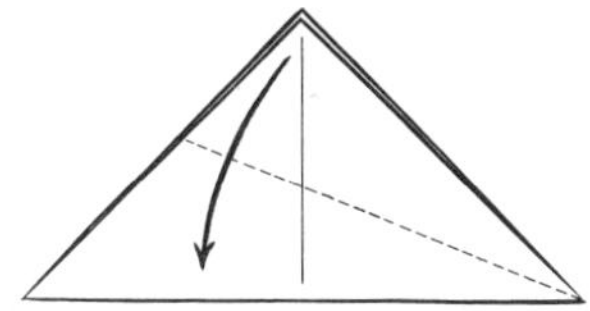

SCHRITT 3: Falten Sie die obere Schicht nach unten.

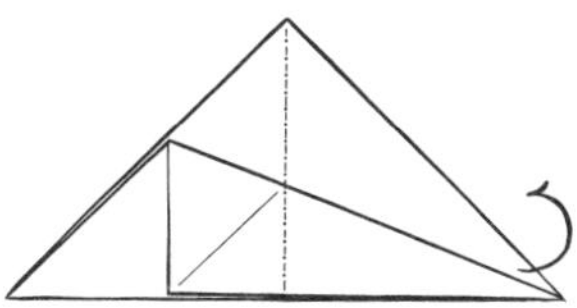

SCHRITT 4: Falten Sie die rechte Ecke nach hinten.

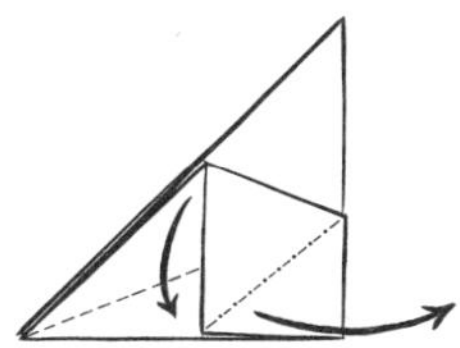

SCHRITT 5: Falten Sie zugleich nach außen und unten.

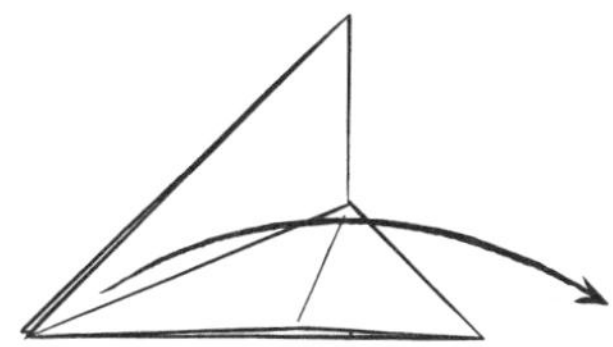

SCHRITT 6: Falten Sie die obere Schicht auf.

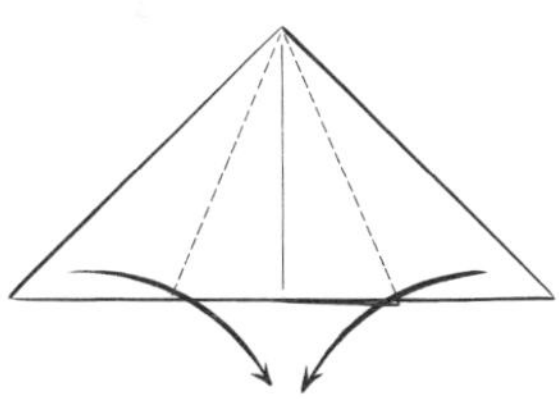

SCHRITT 7: Falten Sie die Ecken in Richtung Mitte.

SCHRITT 8: Falten Sie zur Hälfte.

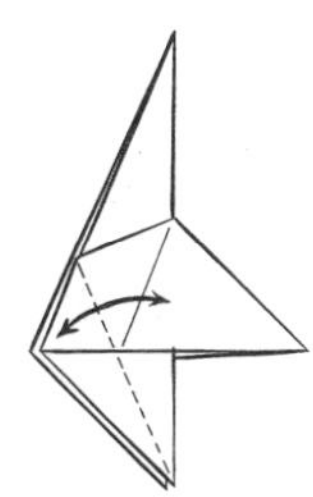

SCHRITT 9: Falten und entfalten Sie. (Auf der Rückseite wiederholen.)

Gans

Gänse paaren sich fürs Leben. Also tun Sie dieser Gans einen Gefallen und falten Sie auch einen Gänserich.

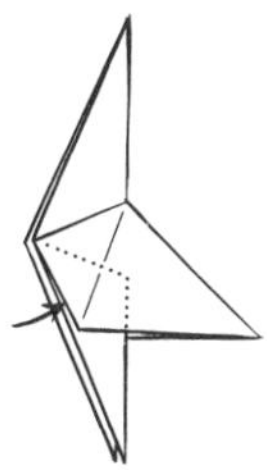

SCHRITT 10: Stecken Sie die Ecke nach innen. (Auf der Rückseite wiederholen.)

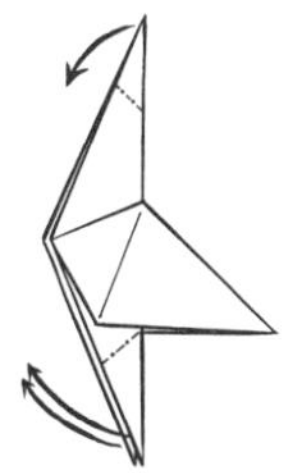

SCHRITT 11: Legen Sie innere Gegenbruch-Falten für den Kopf und die Füße an.

FERTIGE GANS

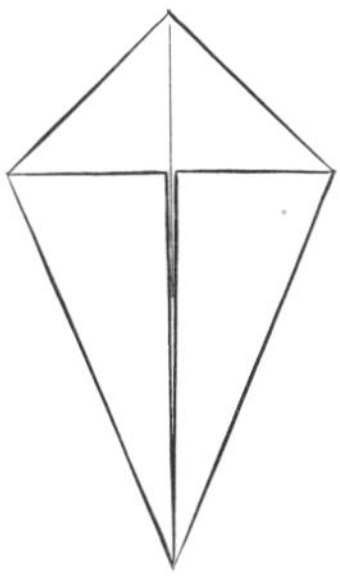

SCHRITT 1: *Beginnen Sie mit einer fertigen Drachenform.*

SCHRITT 2: *Wenden Sie.*

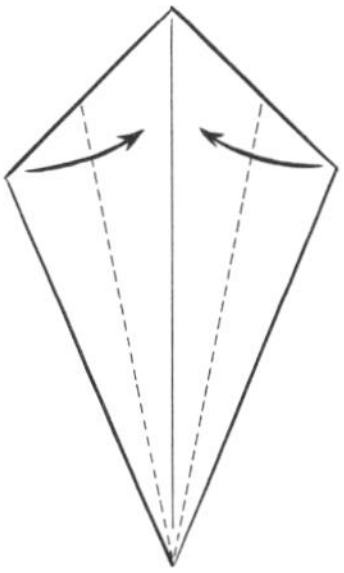

SCHRITT 3: *Falten Sie die äußeren Ecken zur Mitte.*

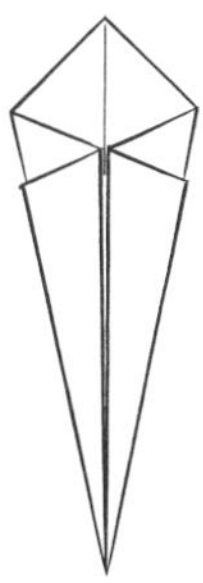

SCHRITT 4: *Wenden Sie.*

SCHRITT 5: *Falten Sie zur Hälfte.*

SCHRITT 6: *Drehen Sie.*

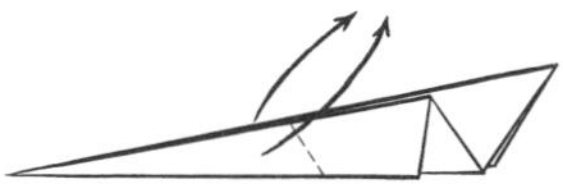

SCHRITT 7: *Legen Sie eine äußere Gegenbruch-Falte für den Hals an.*

SCHRITT 8: *Legen Sie eine weitere äußere Gegenbruch-Falte für den Kopf an.*

schwan

Ebenso wie Gänse paaren sich auch Schwäne fürs Leben. Ihrer Schönheit wegen sind Schwäne schon immer ein Symbol für Liebe und Treue.

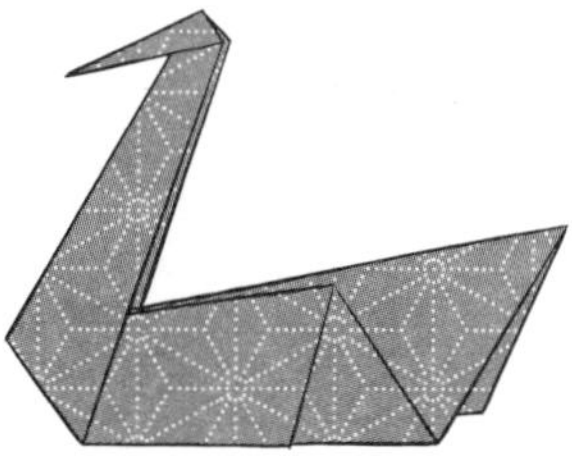

FERTIGER SCHWAN

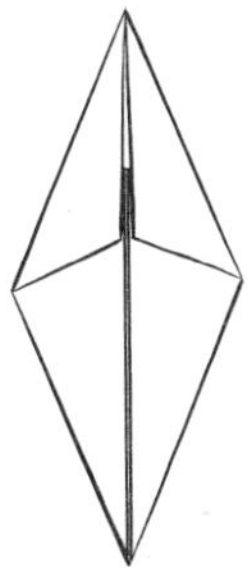

SCHRITT 1: *Beginnen Sie mit einer fertigen Diamant-Grundform.*

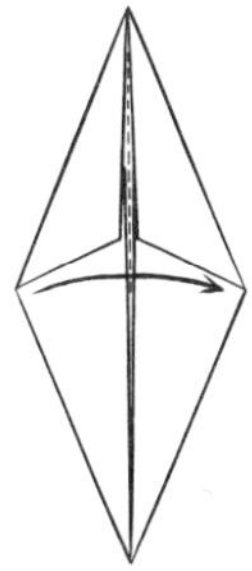

SCHRITT 2: *Falten Sie zur Hälfte.*

SCHRITT 3: *Drehen Sie.*

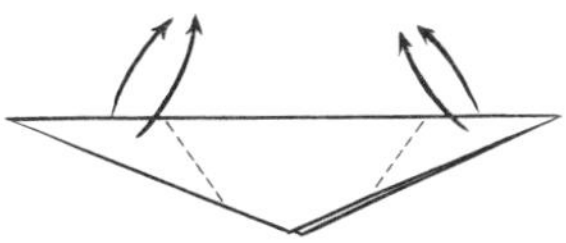

SCHRITT 4: *Legen Sie äußere Gegenbruch-Falten für den Hals und den Schwanz an. (Der Hals sollte dabei etwas länger als der Schwanz sein.)*

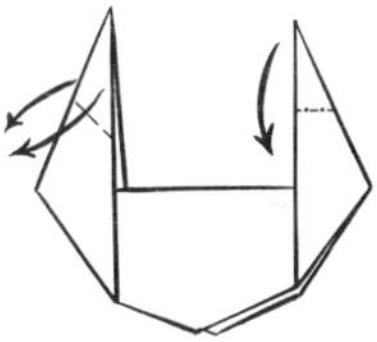

SCHRITT 5: *Machen Sie eine äußere Gegenbruch-Falte für den Kopf und eine innere Gegenbruch-Falte für den Schwanz.*

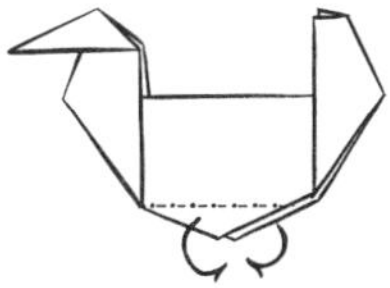

SCHRITT 6: *Falten Sie die unteren Ecken ein.*

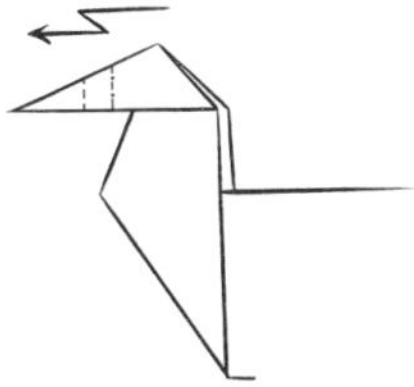

SCHRITT 7: *Machen Sie eine Zick-Zack-Falte für den Entenschnabel.*

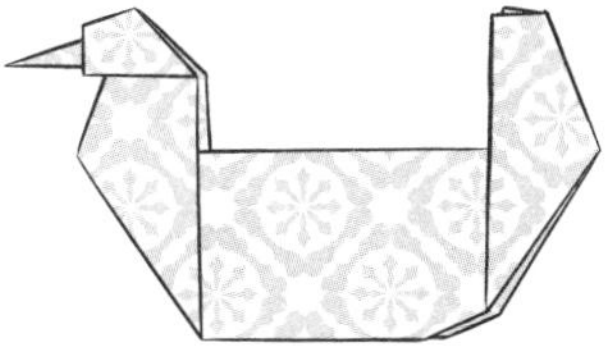

FERTIGE ENTE

Ente

Magnetbänder mit klebender Rückseite sind überall im Handel erhältlich. Mit kleinen Quadraten davon lassen sich aus einer Entenfamilie liebenswerte Kühlschrank-Magneten zaubern.

Grille

Grillen sind für ihren charakteristischen Gesang bekannt, obwohl nur männliche Grillen singen. Meistens auf der Suche nach einem Partner.

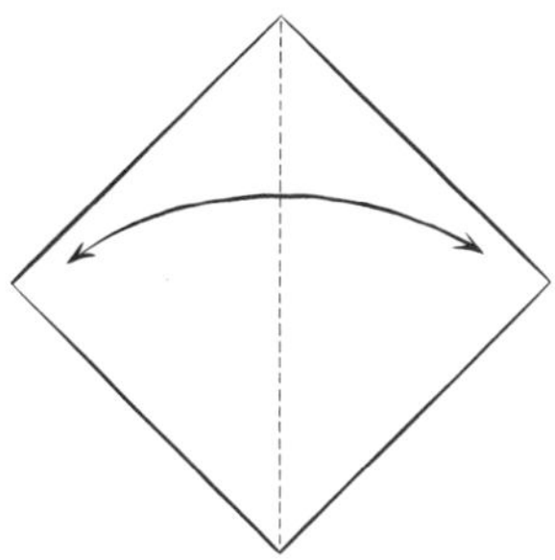

SCHRITT 1: *Falten und entfalten Sie, um eine Faltlinie anzulegen.*

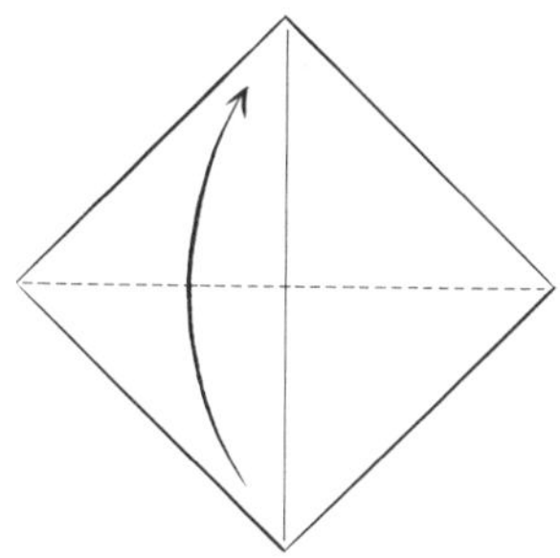

SCHRITT 2: *Falten Sie nach oben.*

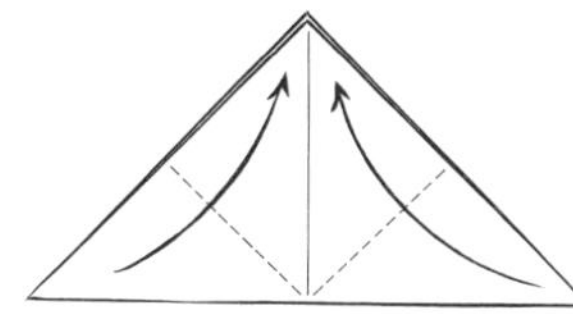

SCHRITT 3: *Falten Sie die Ecken nach oben.*

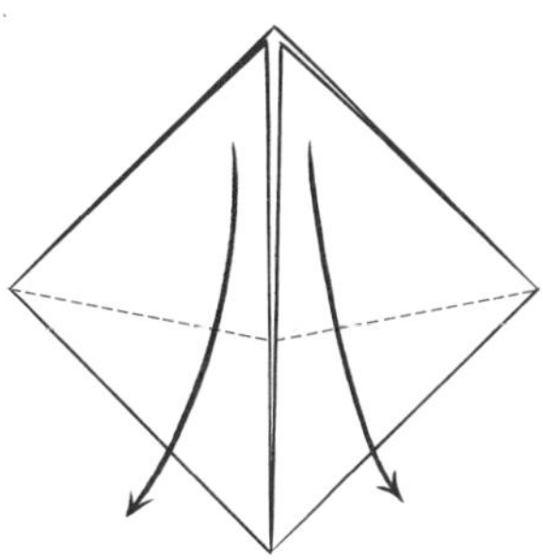

SCHRITT 4: *Falten Sie nach unten und leicht nach außen.*

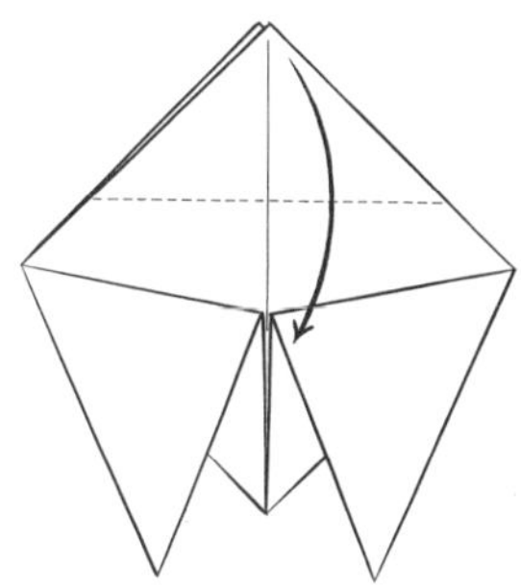

SCHRITT 5: *Falten Sie nur die oberste Schicht nach unten.*

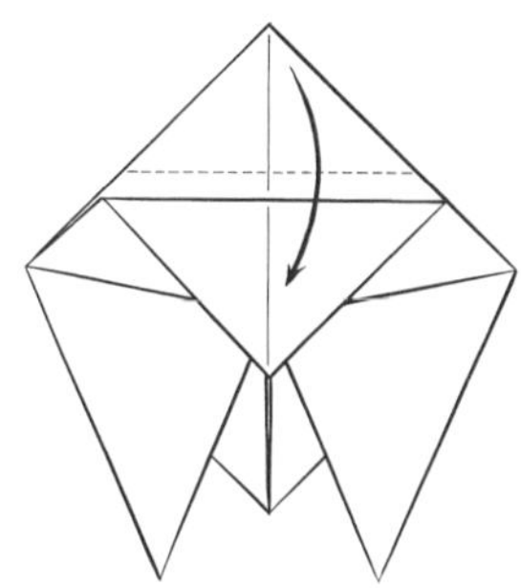

SCHRITT 6: *Falten Sie die hintere Schicht etwas über der oberen Schicht nach unten.*

SCHRITT 7: *Wenden Sie.*

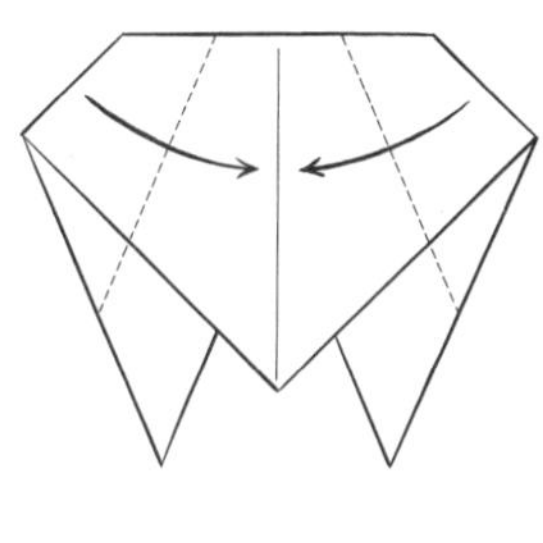

SCHRITT 8: *Falten Sie die Seiten zur Mitte.*

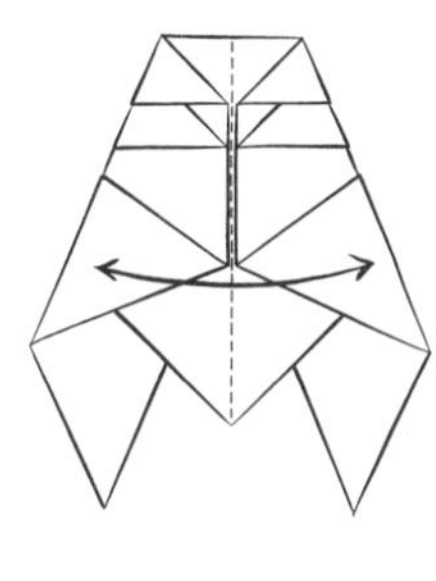

SCHRITT 9: *Falten und entfalten Sie.*

SCHRITT 10: *Wenden Sie.*

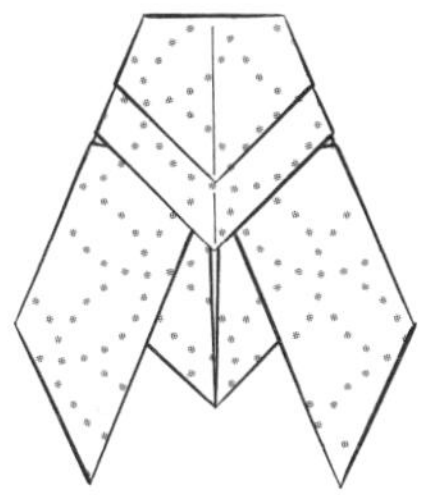

FERTIGE GRILLE

Pinguin

Seine Art zu Watscheln und sein eigenwilliges Aussehen machen den Pinguin zu einem besonders reizvollen Vogel. Er lässt sich ganz einfach falten.

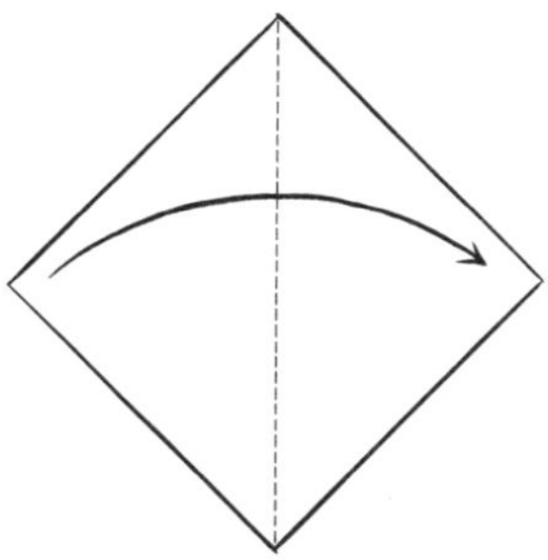

SCHRITT 1: *Falten Sie zur Hälfte.*

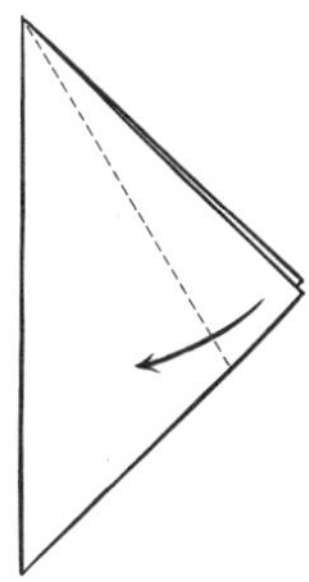

SCHRITT 2: *Falten Sie die äußere Ecke nach innen und wiederholen Sie das auf der Rückseite.*

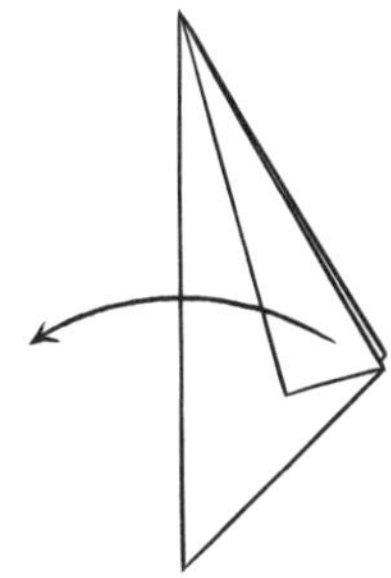

SCHRITT 3: *Entfalten Sie.*

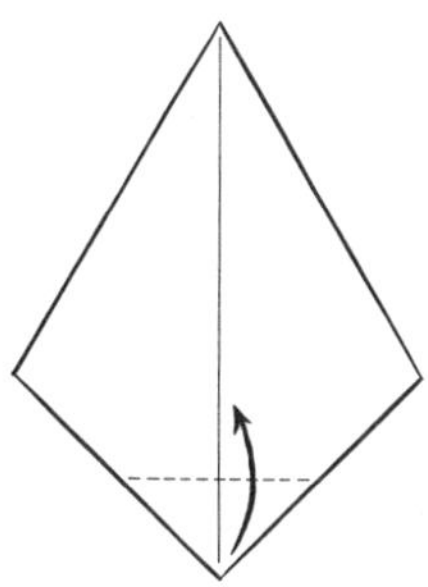

SCHRITT 4: *Falten Sie nach oben.*

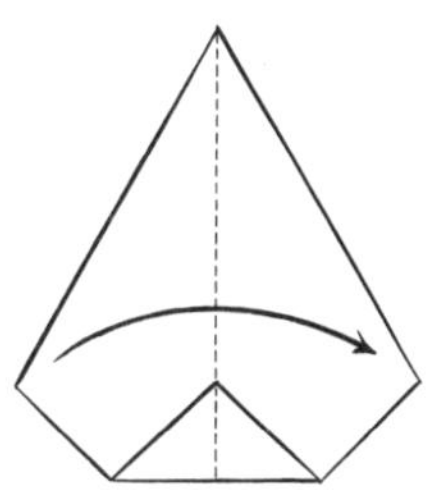

SCHRITT 5: *Falten Sie zur Hälfte.*

SCHRITT 6: *Legen Sie eine äußere Gegenbruch-Falte für den Kopf an.*

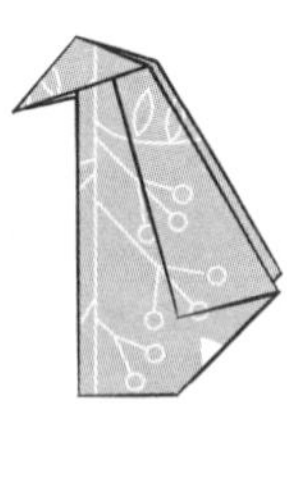

FERTIGER PINGUIN

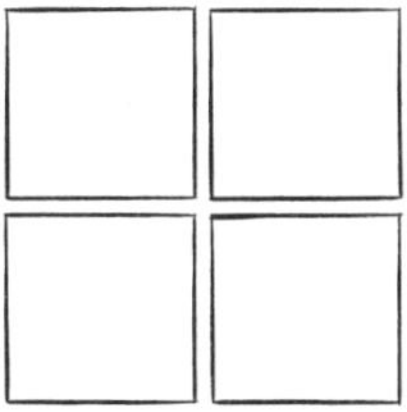

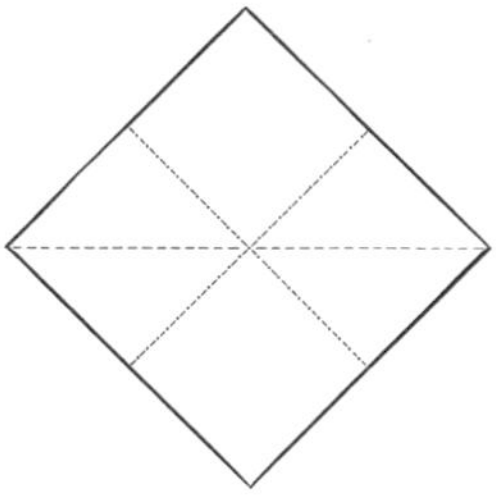

SCHRITT 1: Schneiden Sie ein Stück Papier in vier Quadrate.

SCHRITT 2: Machen Sie daraus vier zusammengeschobene Quadrate, aber lassen Sie die horizontale Talfalte weg (Legen Sie zwei der zusammengeschobenen Quadrate für die Körper des Fischpärchens beiseite. Aus den anderen beiden machen Sie die Schwanzflossen.)

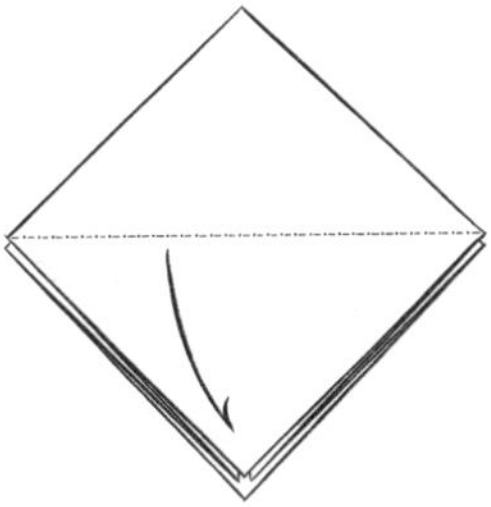

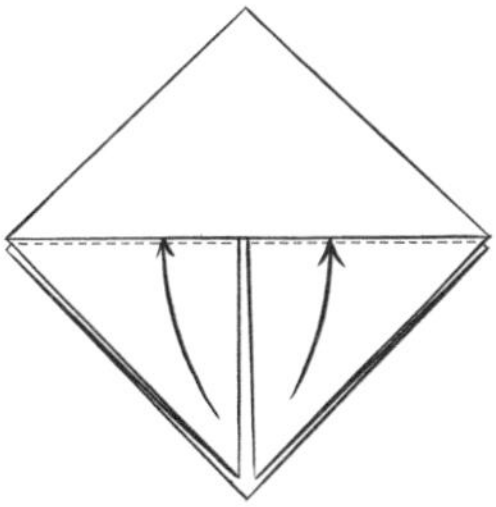

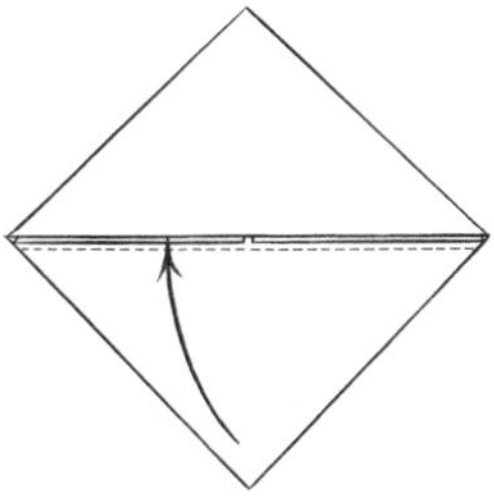

SCHRITT 3: Falten und entfalten Sie die oberste Schicht eines der zusammengeschobenen Quadrate, dann stecken Sie die Ecke ins Innere des Quadrats.

SCHRITT 4: Falten und entfalten Sie die nächste Schicht, bevor Sie auch diese nach innen stecken.

SCHRITT 5: Stecken Sie die unterste Schicht nach innen. (Wiederholen Sie die Schritte 3 bis 5, um die zweite Schwanzflosse zu falten.)

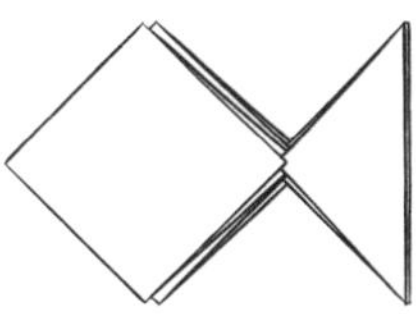

SCHRITT 6: Jetzt die Spitzen in der Mitte des Körpers in die Schlitze vorne an der Schwanzflosse einfügen.

(Das Ganze mit dem zweiten Fisch wiederholen.)

FERTIGES PAAR KÜSSENDER FISCHE

küssende Fische

Goldfische sind relativ klein und sie lieben es, in Gesellschaft zu sein. Verwenden Sie kleinere Papierstückchen für ein Paar liebender Fischchen.

Pfau

Im Königreich der Tierchen ist üblicherweise das Männchen mit extravagantem Aussehen gesegnet. Für dieses Diagramm ist farbenprächtiges Papier von Vorteil, dann kommt der Fächer schön zur Geltung.

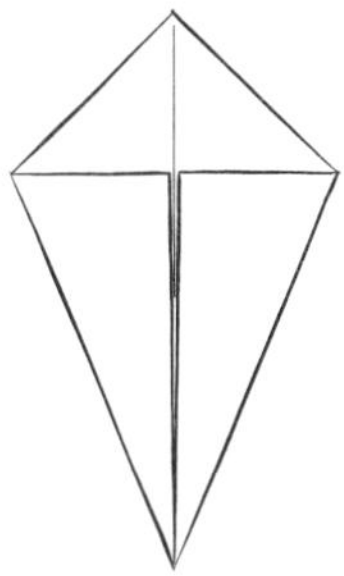

SCHRITT 1: *Beginnen Sie mit einer fertigen Drachenform.*

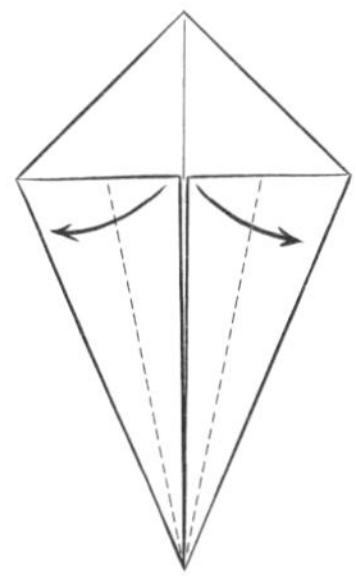

SCHRITT 2: *Falten Sie die inneren Ecken nach außen.*

SCHRITT 3: *Wenden Sie.*

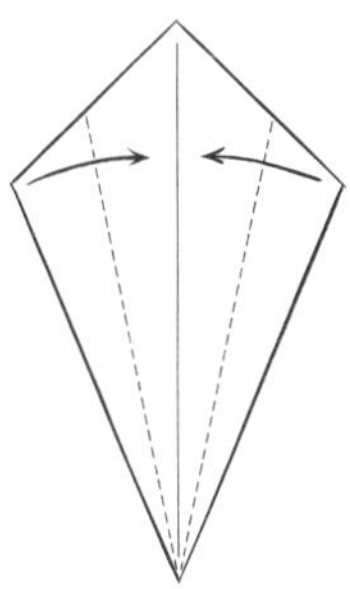

SCHRITT 4: *Falten Sie die Ecken zur Mitte.*

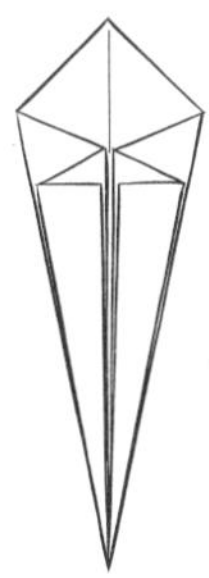

SCHRITT 5: *Wenden Sie.*

SCHRITT 6: *Machen Sie eine Zick-Zack-Falte.*

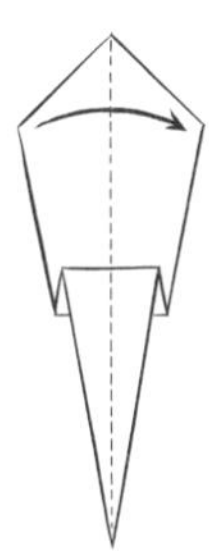

SCHRITT 7: *Falten Sie vertikal zur Hälfte.*

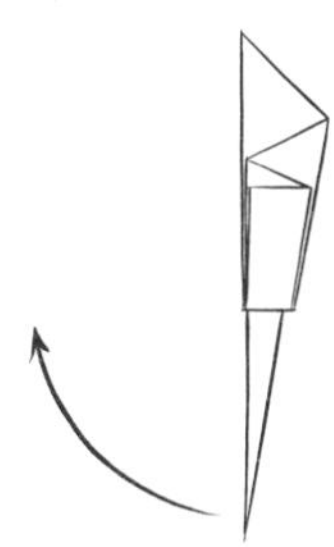

SCHRITT 8: *Falten Sie nach oben.*

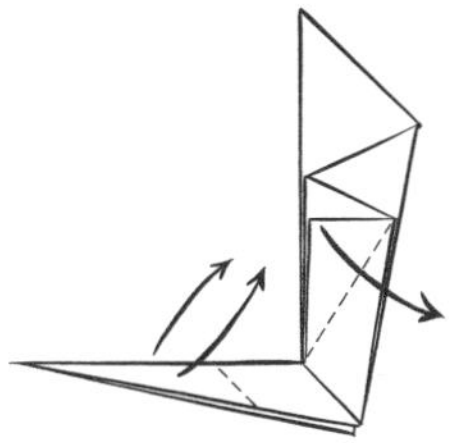

SCHRITT 9: Machen Sie eine äußere Gegenbruch-Falte für den Hals und falten Sie die äußere Schicht des Schwanzes nach außen. (Auf der Rückseite wiederholen.)

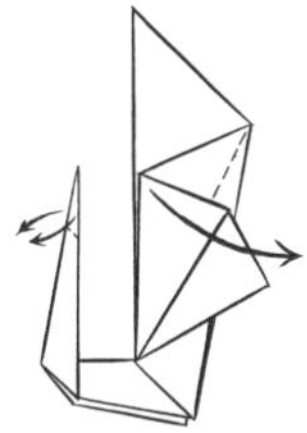

SCHRITT 10: Machen Sie eine weitere äußere Gegenbruch-Falte für den Kopf und falten Sie die nächste Schicht des Schwanzes nach außen. (Auf der Rückseite wiederholen.)

SCHRITT 11: Ziehen Sie die äußeren Ecken nach unten, um den Schwanz aufzufächern.

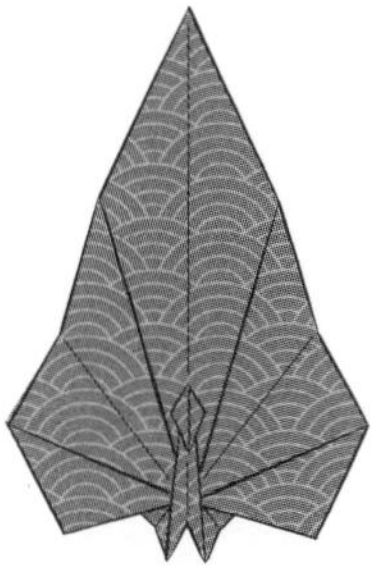

FERTIGER PFAU

Kranich

Der Kranich ist die wohl berühmteste aller Origami-Formen. Eine alte japanische Legende besagt, dass, wer tausend Kraniche faltet, einen Wunsch frei hat.

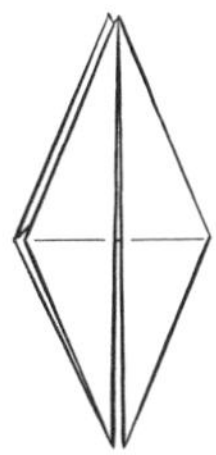

SCHRITT 1: Beginnen Sie mit einer Vogel-Grundform.

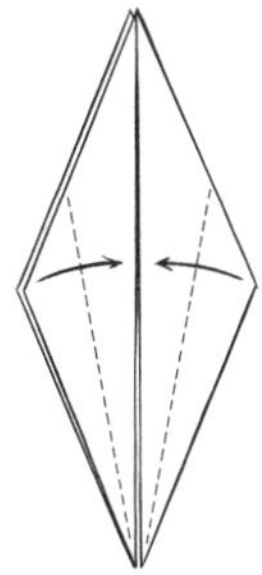

SCHRITT 2: Falten Sie die äußeren Ecken der oberen Schicht in Richtung Mitte. (Auf der Rückseite wiederholen.)

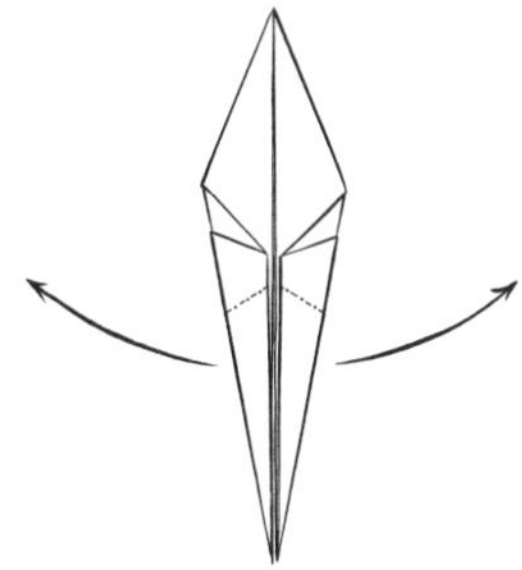

SCHRITT 3: Machen Sie eine innere Gegenbruch-Falte auf beiden Seiten, für Hals und Schwanz.

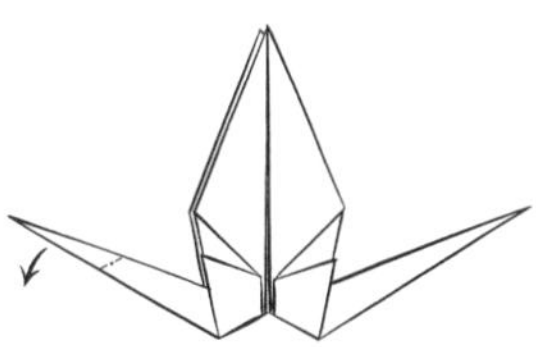

SCHRITT 4: Machen Sie eine innere Gegenbruch-Falte für den Kopf.

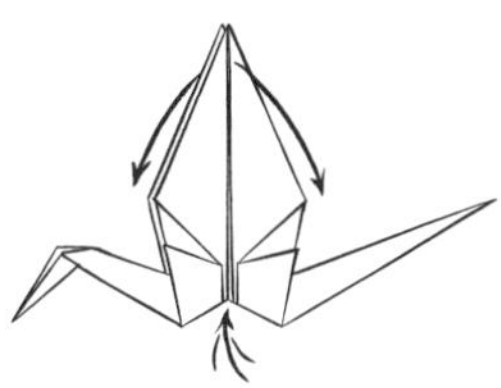

SCHRITT 5: Ziehen Sie die Flügel nach unten und blasen Sie den Körper in der Mitte ein wenig auf.

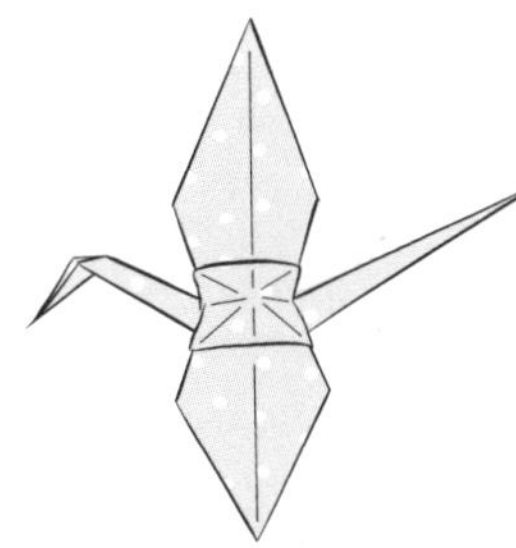

FERTIGER KRANICH

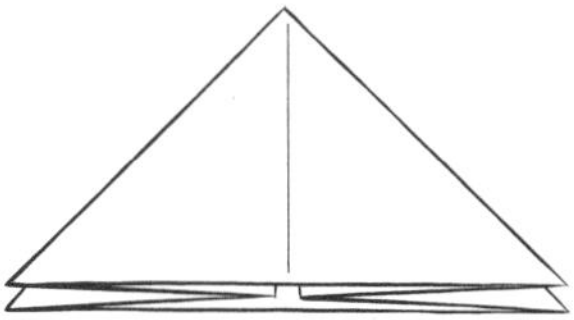

SCHRITT 1: *Beginnen Sie mit einem zusammengeschobenen Dreieck.*

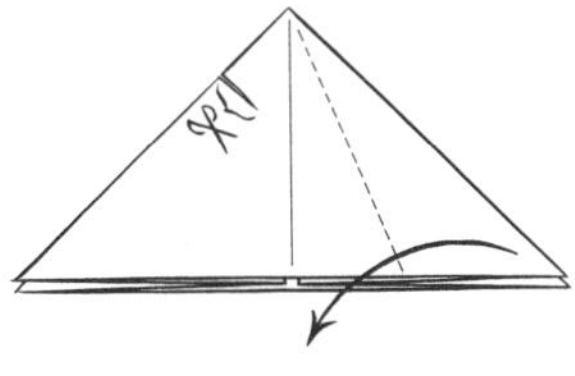

SCHRITT 2: *Schneiden Sie einen Schlitz durch die beiden Schichten auf der linken Seite und falten Sie die oberste Ecke rechts zur Mitte.*

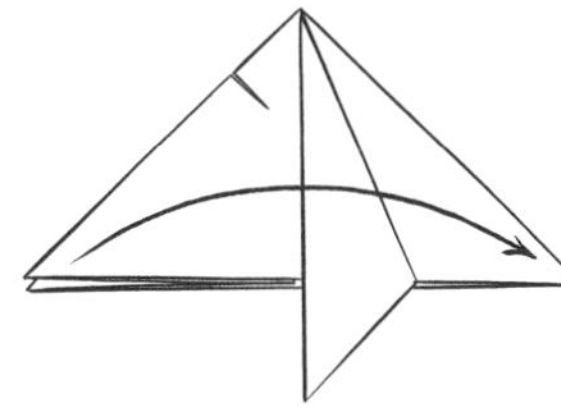

SCHRITT 3: *Falten Sie die linke oberste Schicht nach rechts.*

SCHRITT 4: *Wenden Sie.*

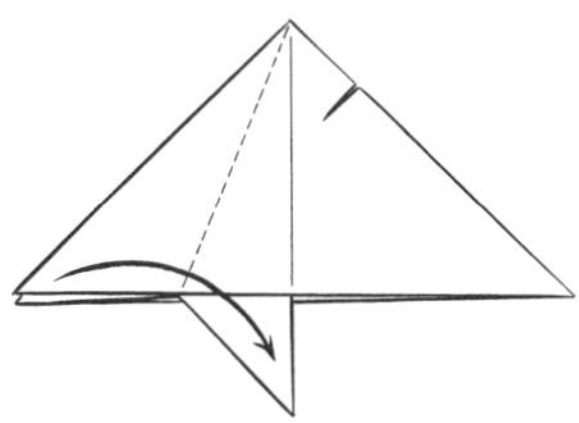

SCHRITT 5: *Falten Sie die oberste Ecke links zur Mitte.*

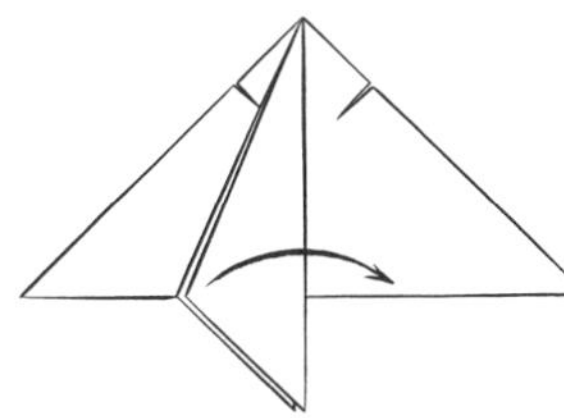

SCHRITT 6: *Falten Sie die oberste Schicht auf der linken Seite über.*

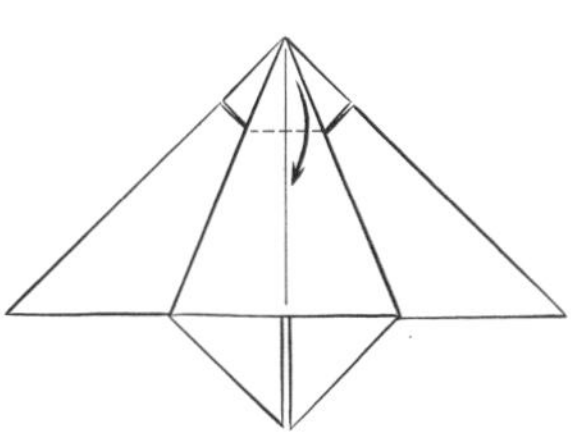

SCHRITT 7: *Falten Sie die Spitze nach unten.*

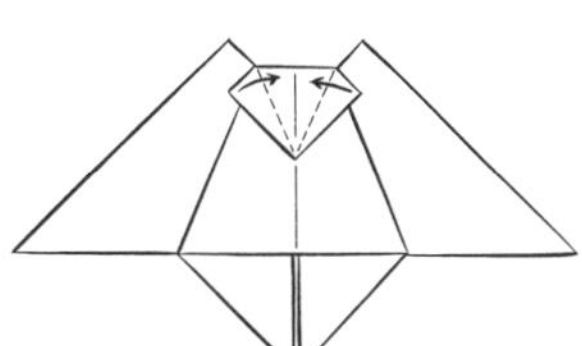

SCHRITT 8: *Falten Sie die äußeren Ecken ein.*

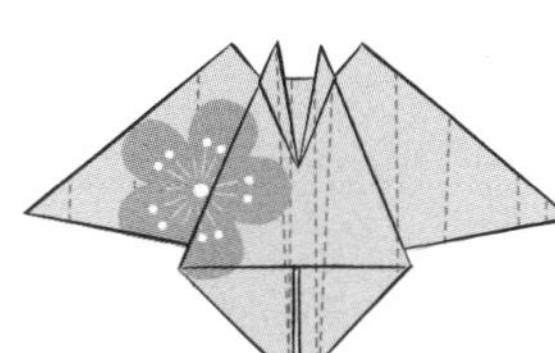

FERTIGE FLEDERMAUS

Fledermaus

Ob Sie ein echter Fledermaus-Fan sind oder Ihnen diese wunderlichen kleinen Säuger eher Angst machen – die Papierversion ist ohne Zweifel putzig.

Libelle

Wussten Sie, dass Libellen die schnellsten Insekten der Welt sind? In Japan steht die Libelle symbolisch für Stärke und Tapferkeit.

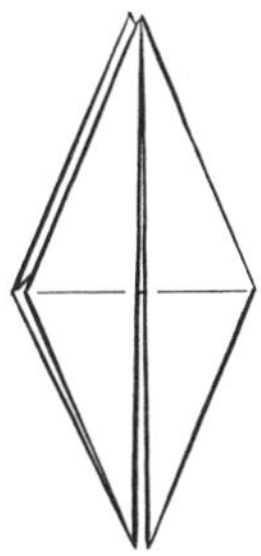

SCHRITT 1: *Beginnen Sie mit einer fertigen Vogel-Grundform.*

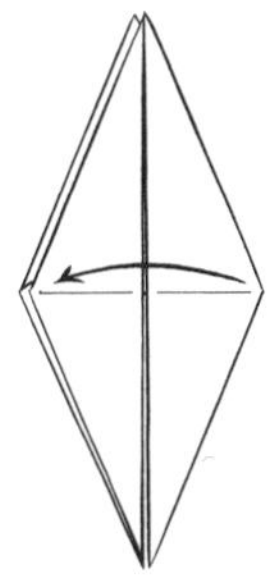

SCHRITT 2: *Falten Sie die oberste Schicht auf der rechten Seite nach links.*

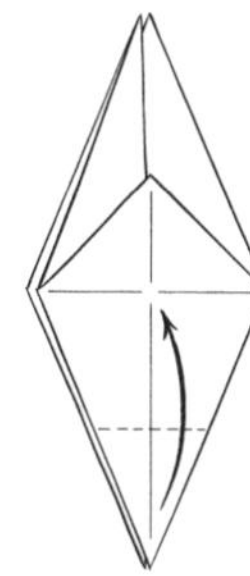

SCHRITT 3: *Falten Sie die oberste Schicht von unten nach oben.*

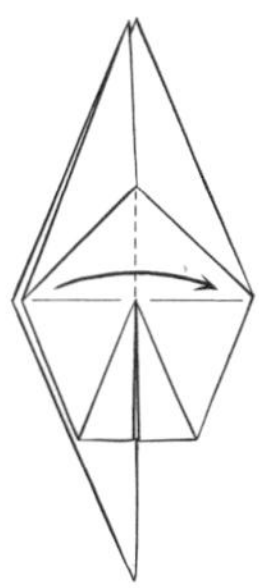

SCHRITT 4: *Falten Sie die oberste Schicht auf der linken Seite nach rechts.*

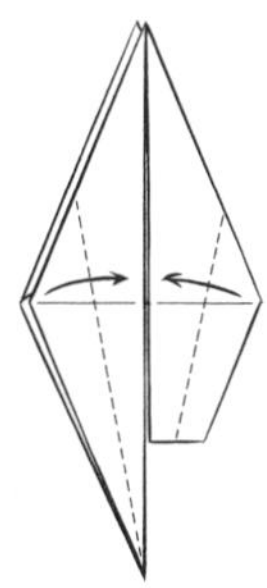

SCHRITT 5: *Falten Sie die obersten seitlichen Ecken zur Mitte.*

SCHRITT 6: *Falten und entfalten Sie den vorderen Flügel nach unten. (Auf der Rückseite wiederholen.)*

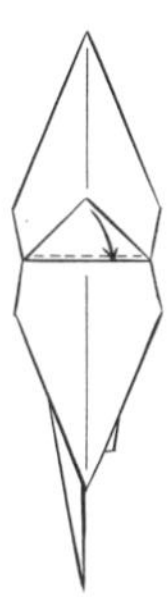

SCHRITT 7: *Stecken Sie das Dreieck zwischen den Flügeln nach innen.*

SCHRITT 8: *Wenden Sie.*

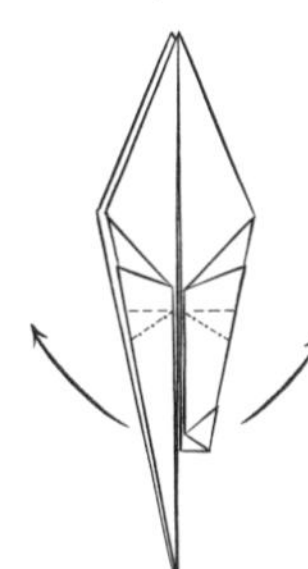

SCHRITT 9: *Machen Sie auf beiden Seiten äußere Gegenbruch-Falten für den Kopf und den Schwanz.*

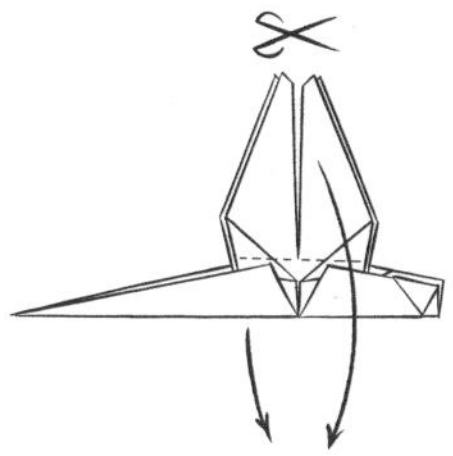

SCHRITT 10: *Schneiden Sie einen Schlitz in der Mitte der Flügel, schneiden Sie die Spitzen ab und falten Sie die Flügel nach unten.*

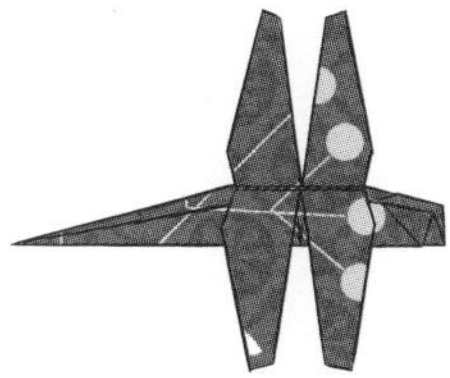

FERTIGE LIBELLE

Hamster

Dieses kleine Tierchen ist mehrdimensional: Wenn Sie mit dem Falten fertig sind, pusten Sie es mit einem Lufthauch auf.

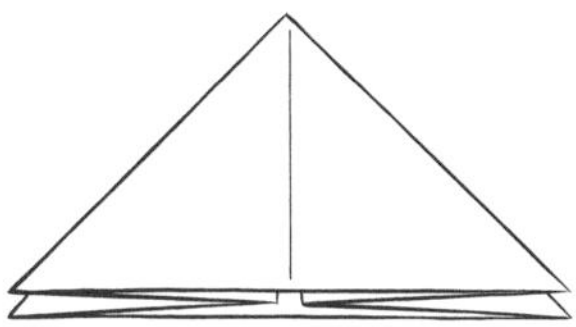

SCHRITT 1: Beginnen Sie mit einem zusammengeschobenen Dreieck.

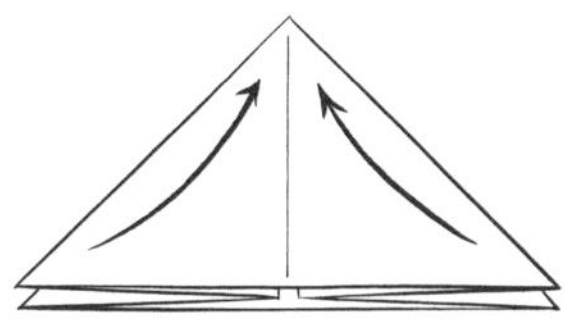

SCHRITT 2: Falten Sie die obersten äußeren Ecken nach oben.

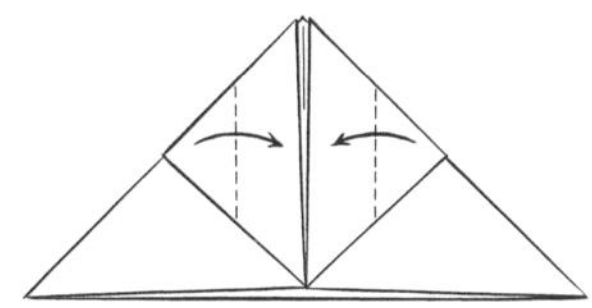

SCHRITT 3: Falten Sie die obersten äußeren Ecken zur Mitte.

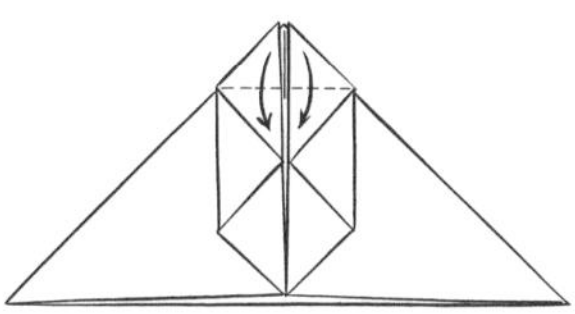

SCHRITT 4: Falten Sie die oberen Ecken nach unten.

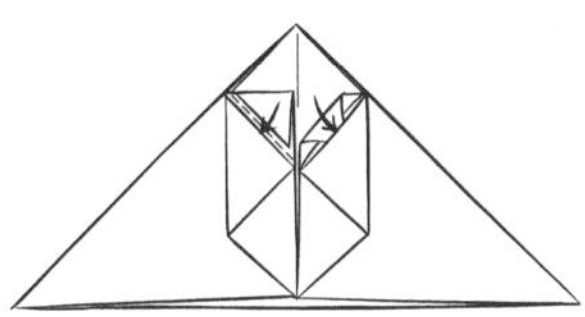

SCHRITT 5: Stecken Sie die Ecken in die Schlitze.

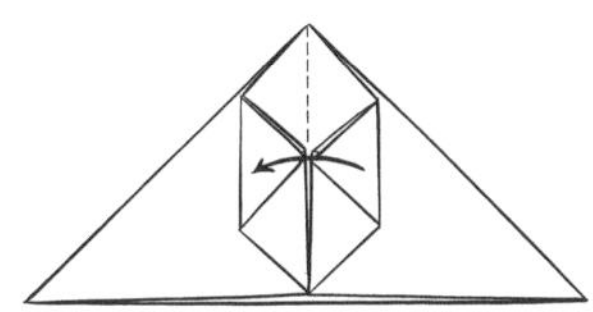

SCHRITT 6: Falten Sie die oberste Schicht auf der rechten Seite nach links über.

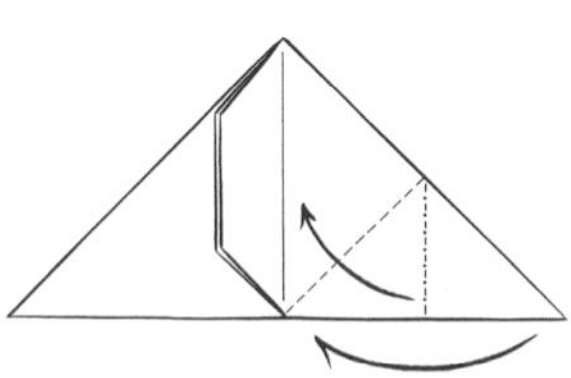

SCHRITT 7: Falten Sie das rechte Dreieck diagonal zur Hälfte, also die untere Ecke zur Mitte und dann das gleiche Stück nach unten.

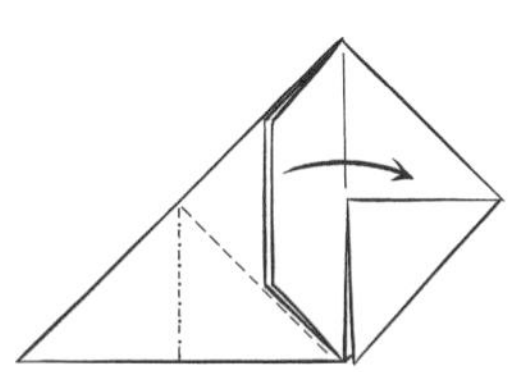

SCHRITT 8: Falten Sie die obersten Schichten auf der linken Seite nach rechts, dann wiederholen Sie Schritt 7 mit dem Dreieck auf der linken Seite.

SCHRITT 9: Wenden Sie.

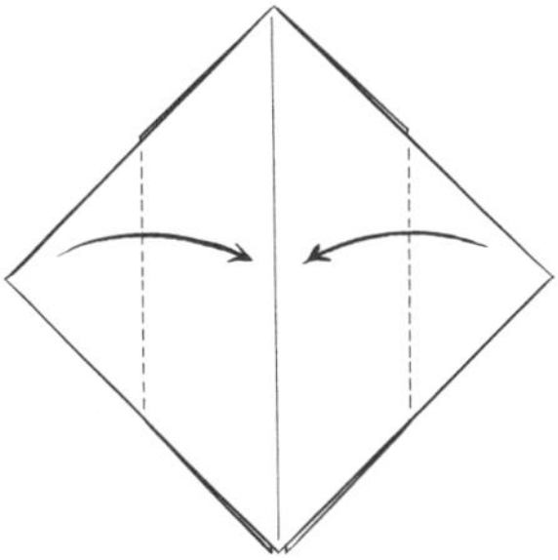

SCHRITT 10: Falten Sie die äußeren Ecken zur Mitte.

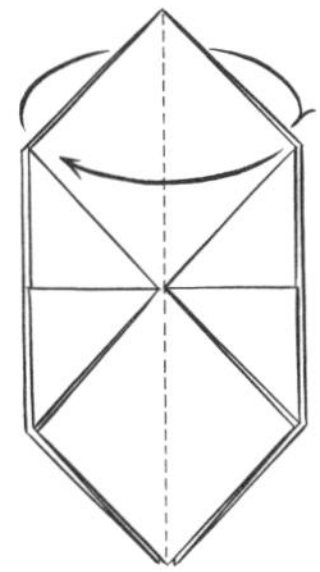

SCHRITT 11: Falten Sie die oberste rechte Schicht nach links über, dann falten Sie die hintere Schicht links hinten nach rechts.

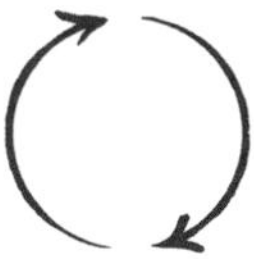

SCHRITT 12: Drehen Sie.

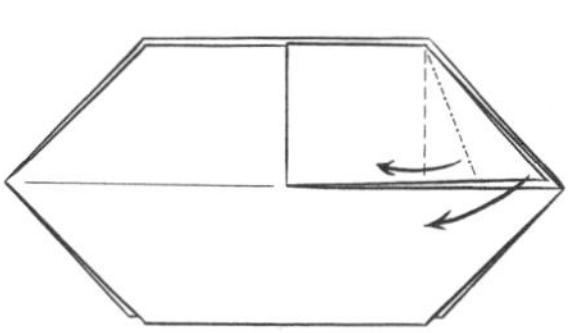

SCHRITT 13: Drücken Sie im vorderen Abschnitt die oberste Schicht so ein, dass eine Falte für das Ohr entsteht. Dafür falten Sie die oberste Schicht ein Stück nach links, ziehen dann die Schicht zurück und falten sie zu einer Raute zusammen. (Auf der Rückseite wiederholen.)

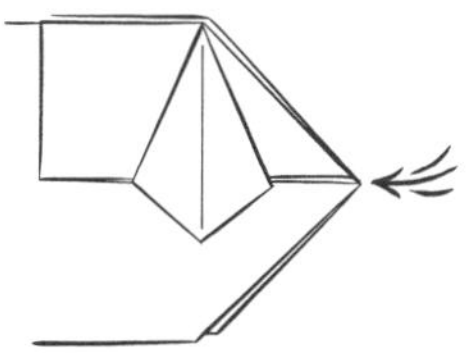

SCHRITT 14: Drücken Sie die Spitze zusammen während Sie vorne in den Hamster hineinpusten, um ihn aufzublasen.

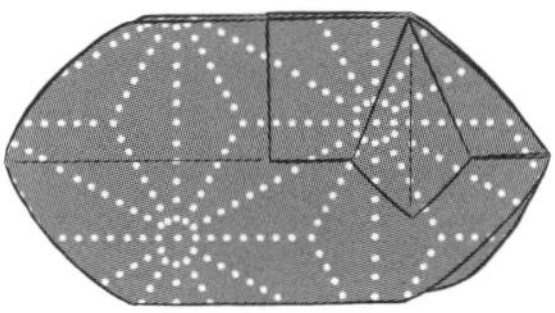

FERTIGER HAMSTER

Kaiserfisch

Diese Schönheiten kommen häufig in Aquarien vor, man erkennt Sie leicht an ihren langen, fließenden Flossen. Falten Sie ein paar davon und hängen Sie die ganze Familie als buntes Aquariums-Mobile auf.

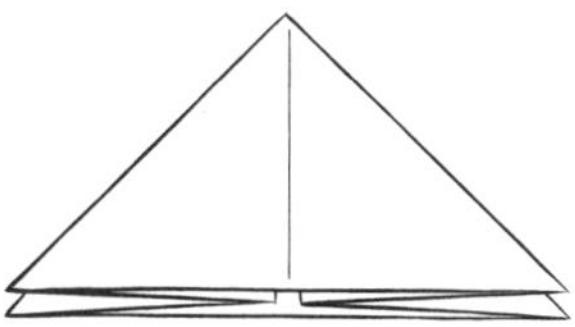

SCHRITT 1: Beginnen Sie mit einem zusammengeschobenen Dreieck.

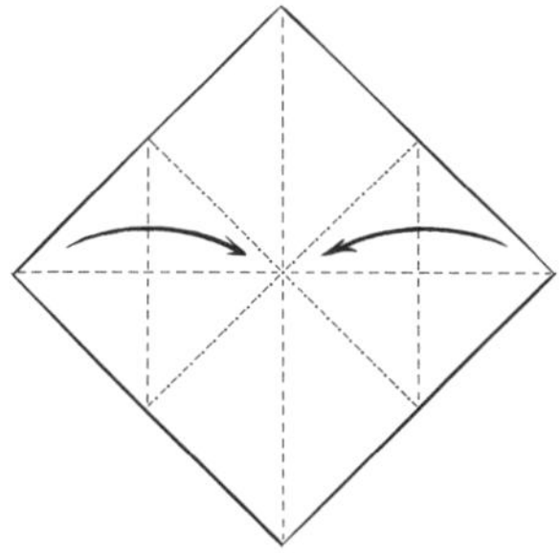

SCHRITT 2: Entfalten Sie das zusammengeschobene Dreieck und falten Sie die äußeren Ecken zur Mitte.

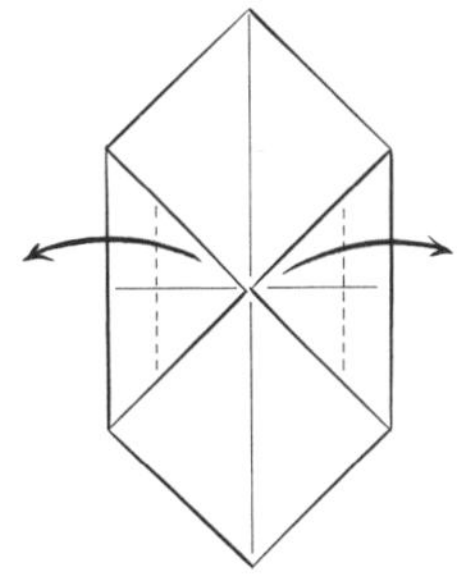

SCHRITT 3: Falten Sie die inneren Ecken nach außen.

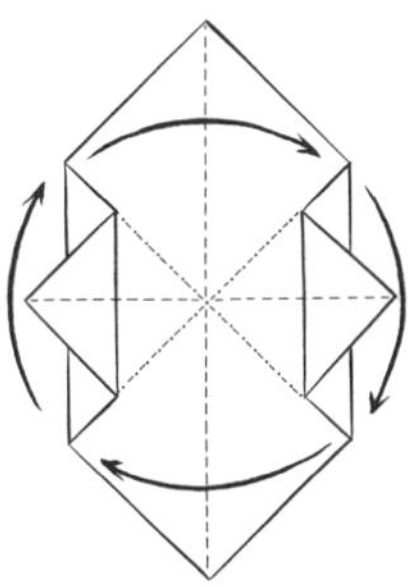

SCHRITT 4: Falten Sie die Form zurück in ein zusammengeschobenes Dreieck.

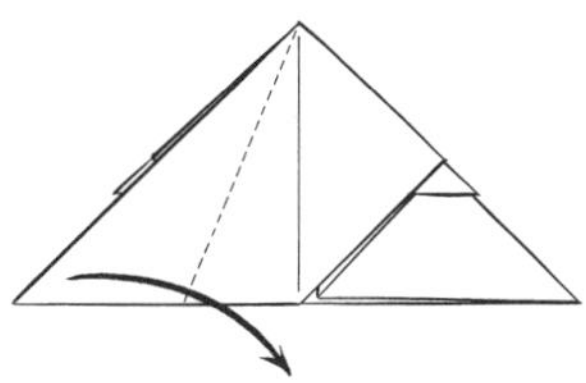

SCHRITT 5: Falten Sie die linke Ecke nach unten. (Auf der Rückseite wiederholen.)

SCHRITT 6: Drehen Sie.

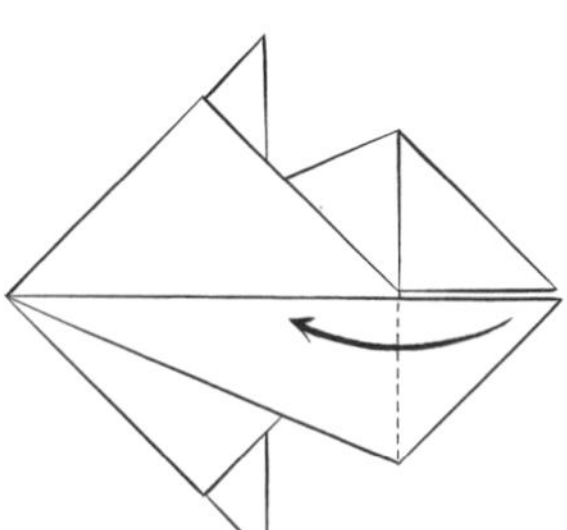

SCHRITT 7: Falten Sie den Schwanz nach innen. (Auf der Rückseite wiederholen.)

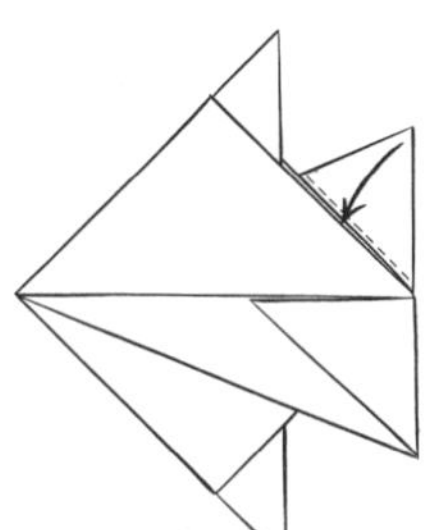

SCHRITT 8: Stecken Sie erst den oberen, dann den unteren Teil des Schwanzes in den Körper.

FERTIGER KAISERFISCH

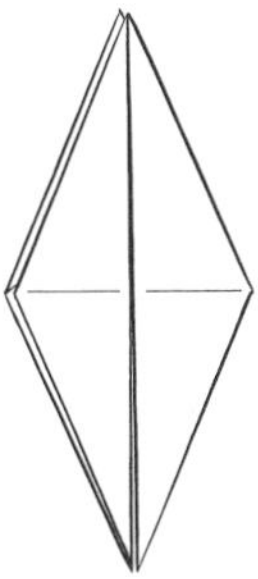

SCHRITT 1: *Beginnen Sie mit einer fertigen Vogel-Grundform.*

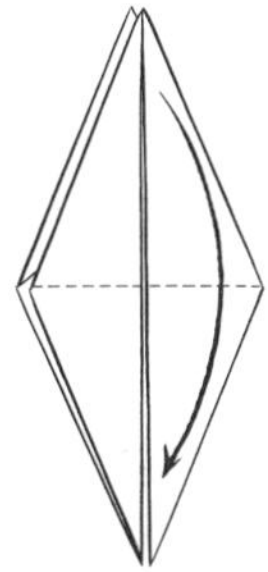

SCHRITT 2: *Falten Sie die Spitze nach unten.*

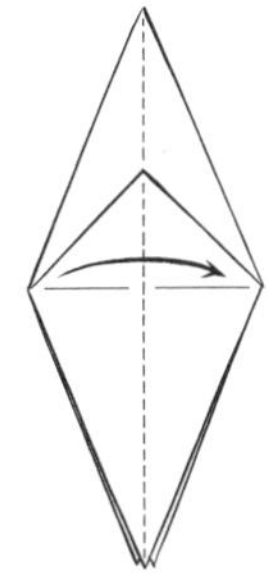

SCHRITT 3: *Falten Sie zur Hälfte.*

SCHRITT 4: *Drehen Sie.*

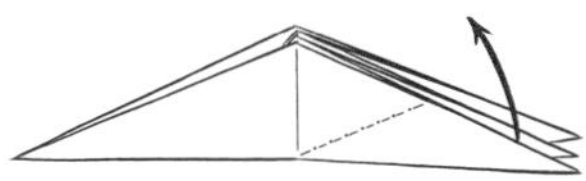

SCHRITT 5: *Machen Sie eine innere Gegenbruch-Falte für den oberen Beinabschnitt. (Auf der Rückseite wiederholen.)*

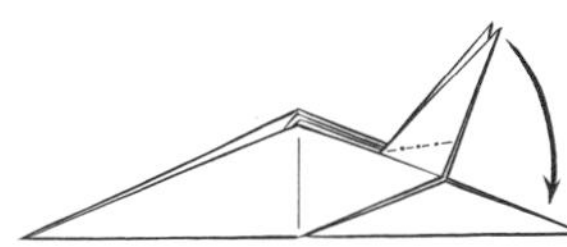

SCHRITT 6: *Machen Sie eine weitere innere Gegenbruch-Falte für den unteren Abschnitt des Beines. (Auf der Rückseite wiederholen.)*

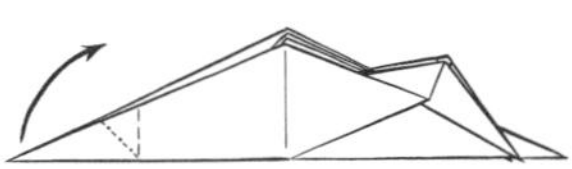

SCHRITT 7: *Machen Sie eine äußere Gegenbruch- Falte für den Kopf.*

SCHRITT 8: *(Kopf Detail) Schneiden Sie einen Schlitz in die Faltlinie für die Antennen und falten Sie diese nach vorne.*

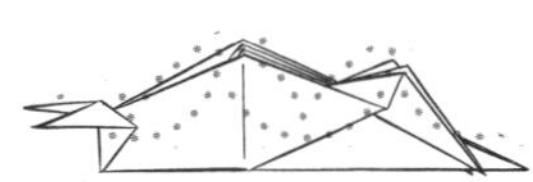

FERTIGER GRASHÜPFER

Grashüpfer

Laufen, hüpfen, fliegen, der Grashüpfer beherrscht sämtliche Formen der Fortbewegung.

Honigbiene

Bienen machen so viel mehr als Pflanzen zu bestäuben und Honig herzustellen. Sie sind die stillen Helden der Landwirtschaft. Wo wären wir ohne sie?

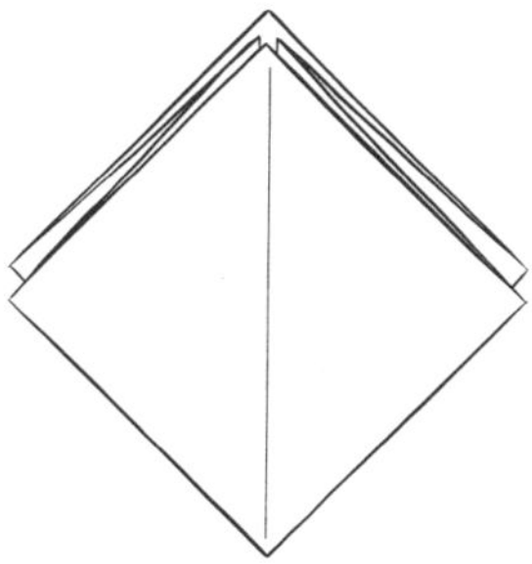

SCHRITT 1: Beginnen Sie mit einem kopfstehenden zusammengeschobenen Viereck.

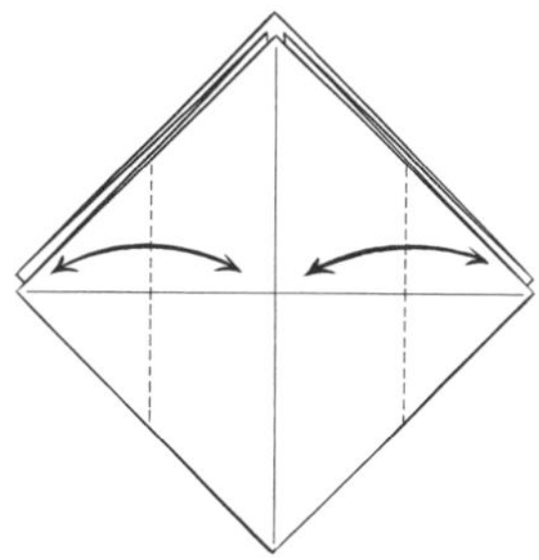

SCHRITT 2: Falten und entfalten Sie die äußeren Ecken der obersten Schicht.

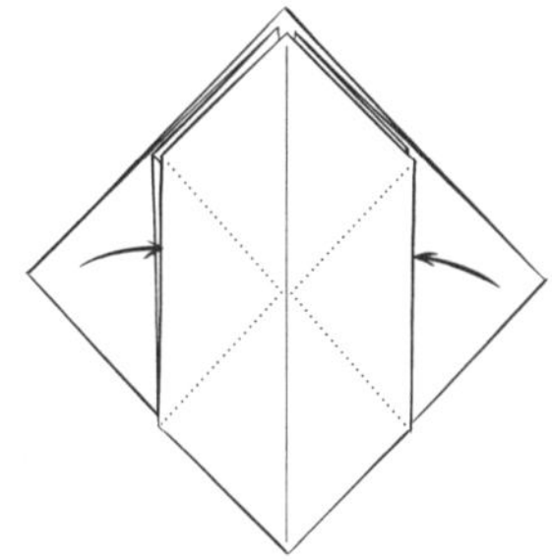

SCHRITT 3: Stecken Sie die Ecken mit einer inneren Gegenbruch-Falte nach innen. (Auf der Rückseite wiederholen.)

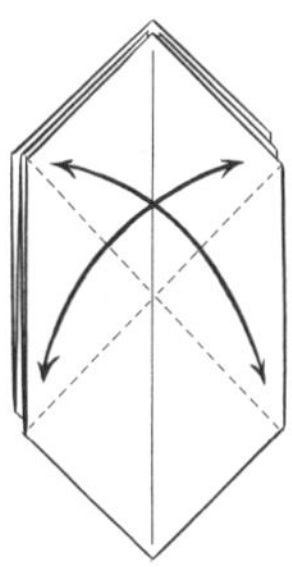

SCHRITT 4: Falten und entfalten Sie die oberste Schicht diagonal nach links und rechts. (Auf der Rückseite wiederholen.)

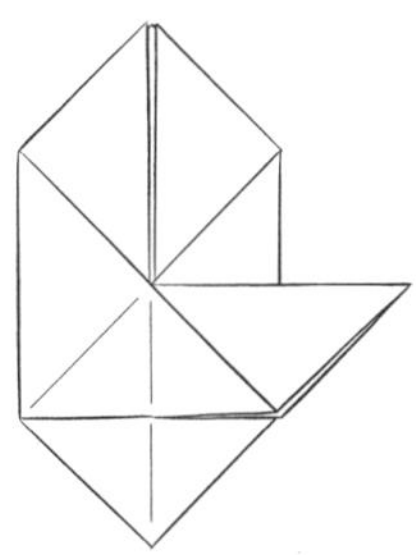

SCHRITT 5: Bringen Sie die Seiten zusammen und falten Sie nach rechts. (Auf der Rückseite wiederholen.)

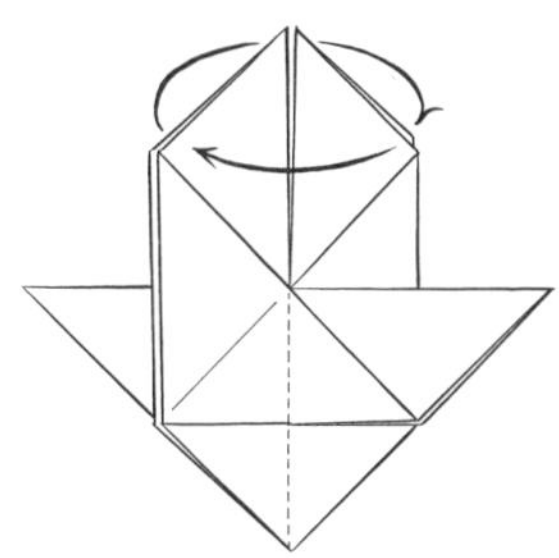

SCHRITT 6: Falten Sie die oberen beiden Schichten auf der rechten Seite nach links über. (Auf der Rückseite wiederholen.)

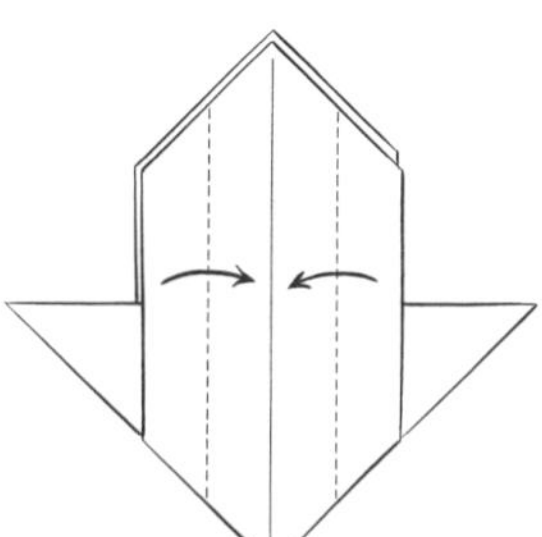

SCHRITT 7: Falten Sie die obersten Schichten zur Mitte. (Auf der Rückseite wiederholen.)

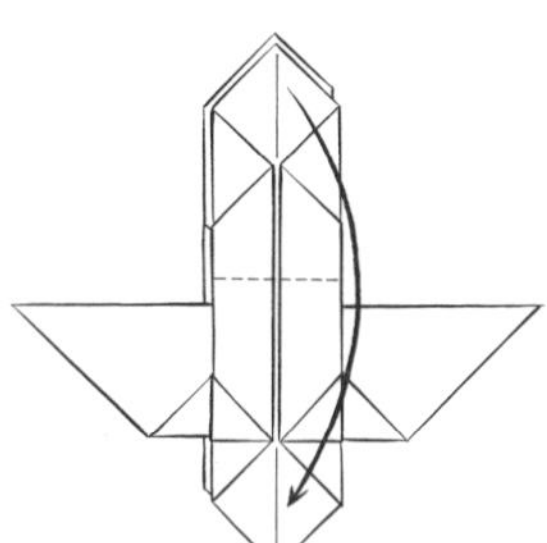

SCHRITT 8: Falten Sie die oberste Schicht nach unten, etwa bis zur oberen Kante der Flügel.

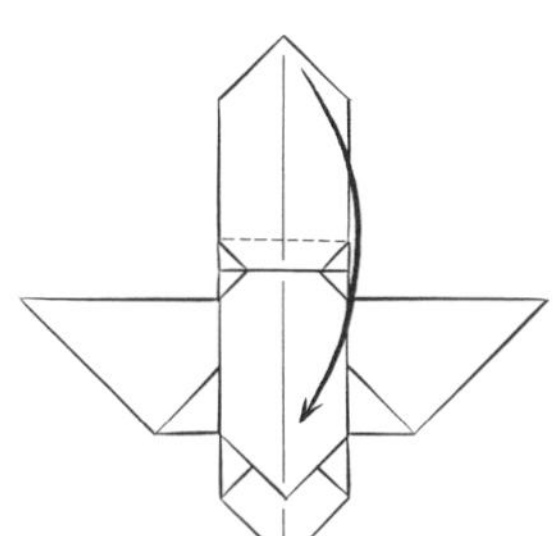

SCHRITT 9: Falten Sie die hintere Schicht nach unten, genauso wie die vorhergehende.

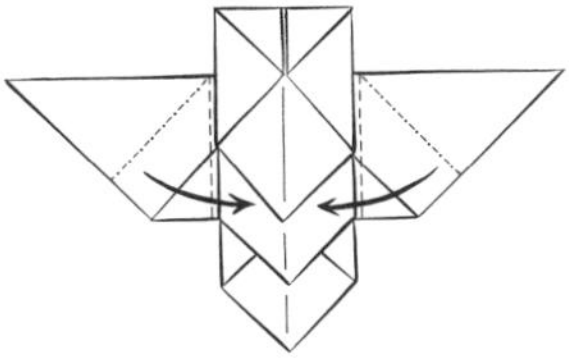

SCHRITT 10: *Falten Sie die Flügel ein.*

FERTIGE HONIGBIENE

Honigbiene

Robbe

Mit ein paar kleinen Schnitten verleihen Sie der Robbe ihren charakteristischen schnuffigen Bart.

SCHRITT 1: *Beginnen Sie mit einer fertigen Fisch-Grundform.*

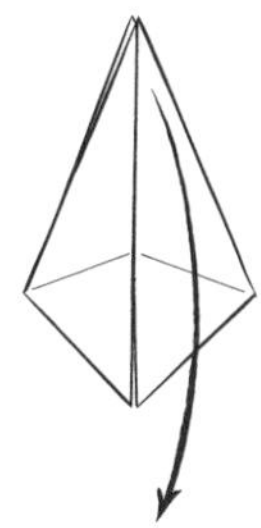

SCHRITT 2: *Falten Sie die obere Schicht nach unten.*

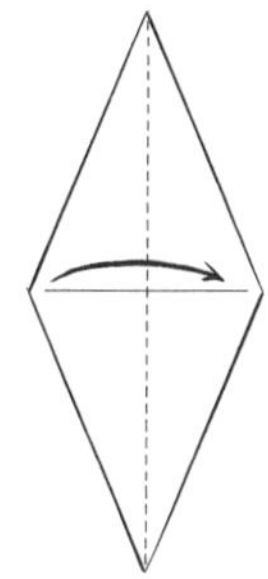

SCHRITT 3: *Falten Sie zur Hälfte.*

SCHRITT 4: *Drehen Sie.*

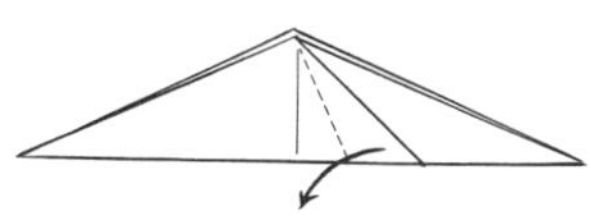

SCHRITT 5: *Falten Sie die vordere Flosse zur Mitte. (Auf der Rückseite wiederholen.)*

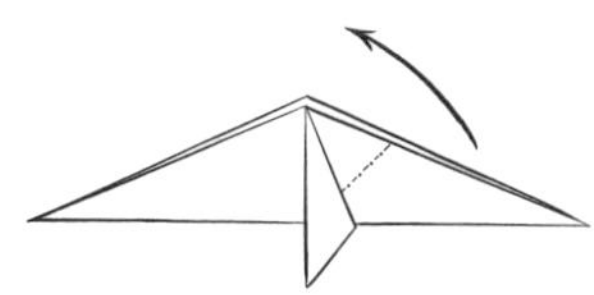

SCHRITT 6: *Machen Sie eine innere Gegenbruch-Falte für den Hals.*

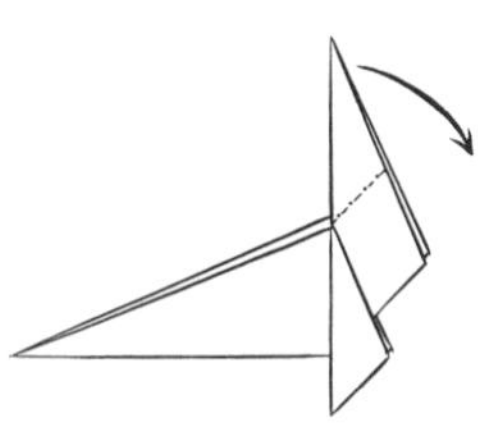

SCHRITT 7: *Machen Sie eine weitere innere Gegenbruch-Falte für den Kopf.*

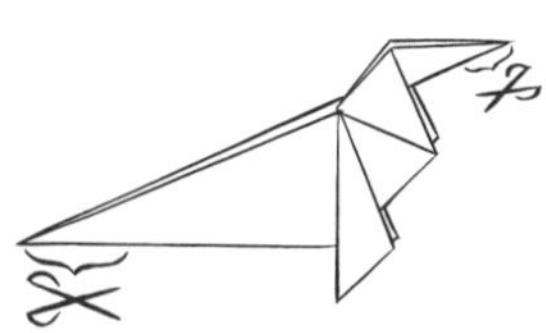

SCHRITT 8: *Schneiden Sie die Faltungen an Kopf und Schwanz ein.*

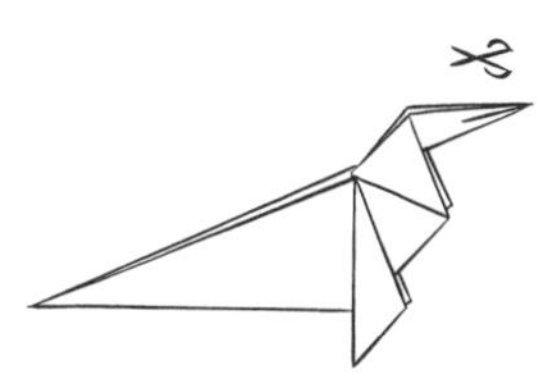

SCHRITT 9: *Machen Sie einen weiteren Schnitt in der Mitte des Gesichtes.*

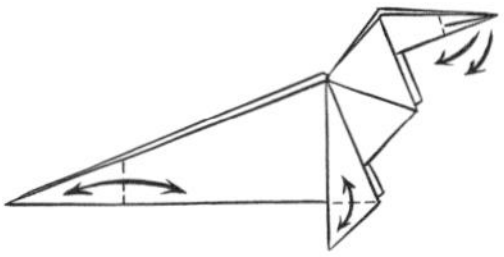

SCHRITT 10: Falten Sie Schwanz, Flossen und Schnurbart zurecht.

FERTIGE ROBBE

Hühnchen

Alle lieben Hühnchen. Dieser reizende kleine Vogel ist auf der Suche nach einem Nest.

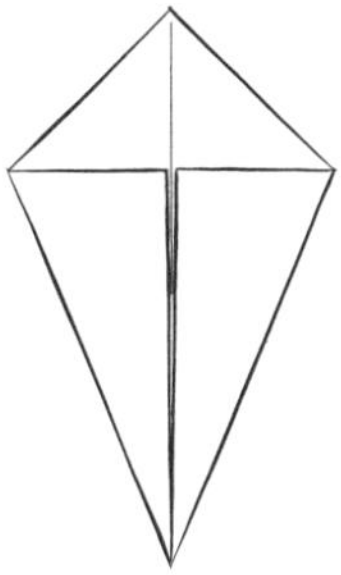

SCHRITT 1: Beginnen Sie mit einer Drachenform.

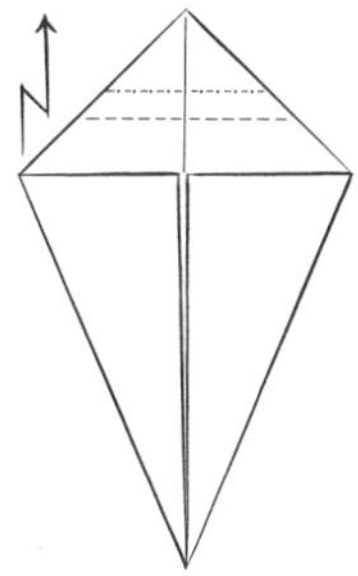

SCHRITT 2: Machen Sie eine Zick-Zack-Falte.

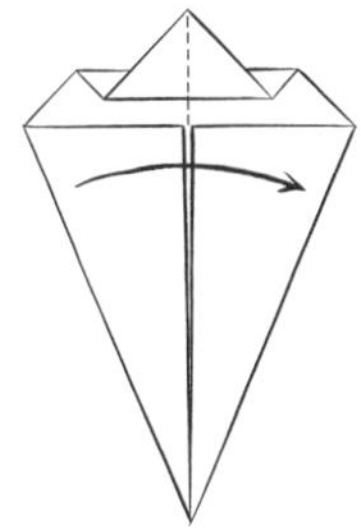

SCHRITT 3: Falten Sie zur Hälfte.

SCHRITT 4: Drehen Sie.

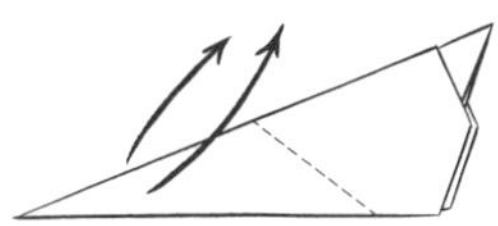

SCHRITT 5: Machen Sie eine äußere Gegenbruch-Falte für den Hals.

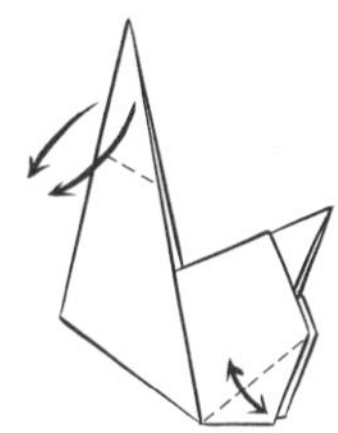

SCHRITT 6: Machen Sie eine weitere äußere Gegenbruch-Falte für den Kopf. Falten und entfalten Sie die untere Ecke, um die Flügelspitzen zu formen. (Auf der Rückseite wiederholen.)

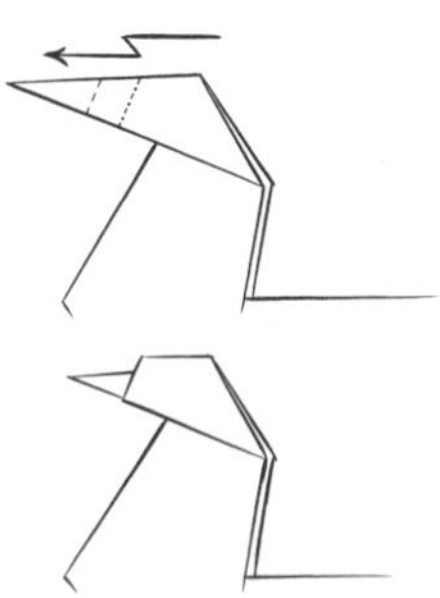

SCHRITT 7: (Kopf Detail) Machen Sie eine Zick-Zack-Falte für den Schnabel.

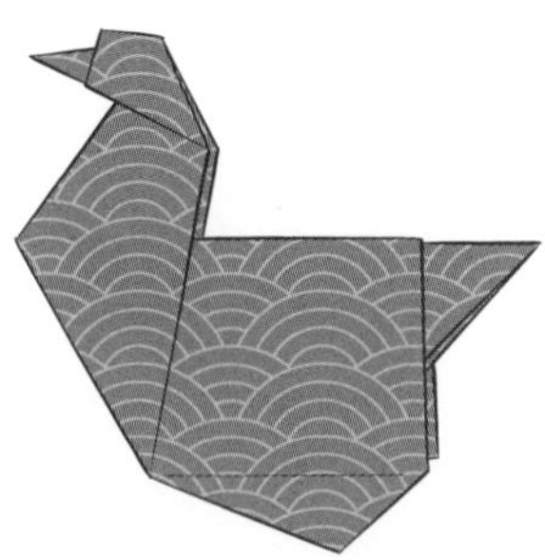

FERTIGES HÜHNCHEN

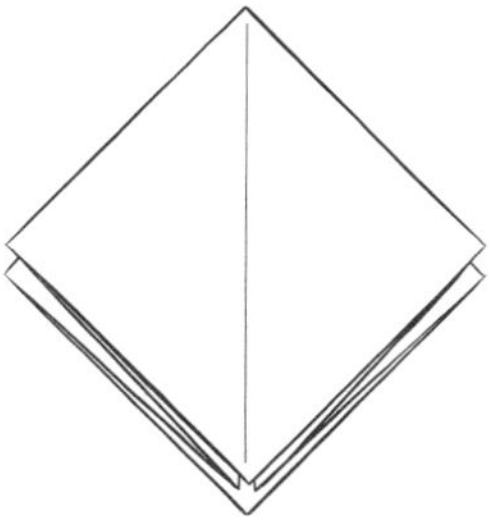

SCHRITT 1: Beginnen Sie mit einem zusammengeschobenen Quadrat.

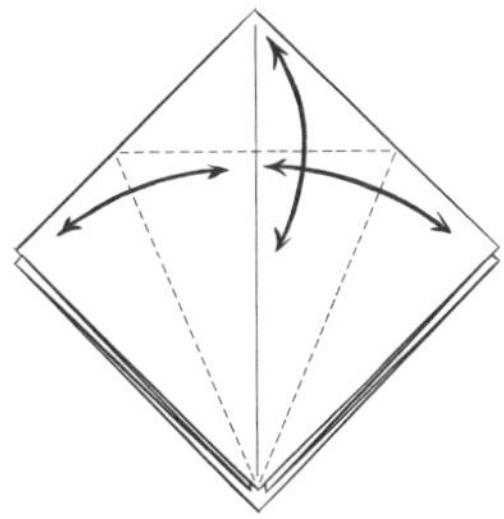

SCHRITT 2: Falten und entfalten Sie die äußeren Ecken, dann die Spitze der obersten Schicht zur Mitte. (Auf der Rückseite wiederholen.)

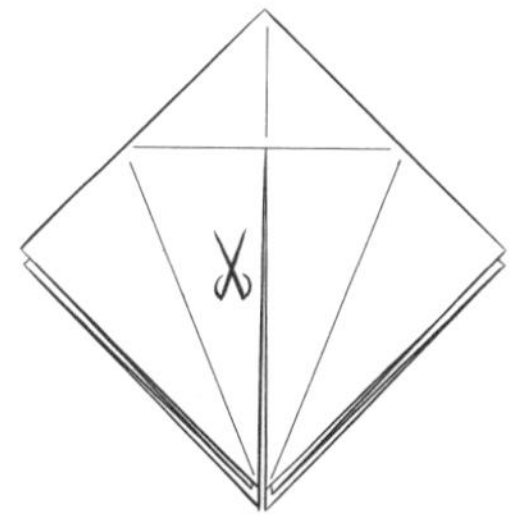

SCHRITT 3: Schneiden Sie die oberste und die unterste Schicht entlang der Faltung in der Mitte bis fast nach oben.

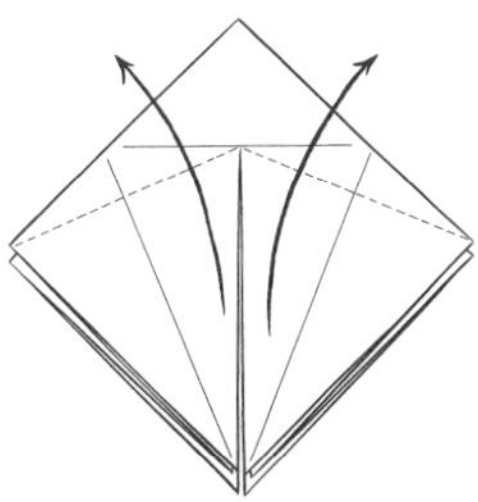

SCHRITT 4: Falten Sie die unteren Ecken der obersten Schicht nach oben. (Auf der Rückseite wiederholen.)

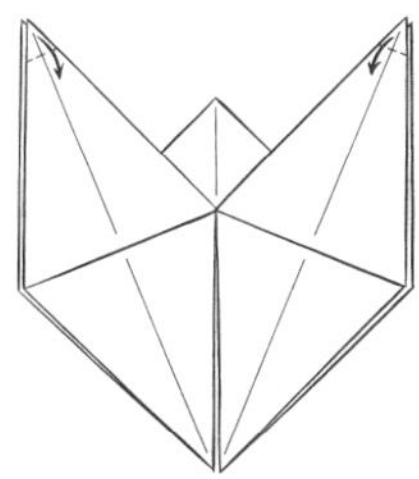

SCHRITT 5: Falten Sie die Spitzen nach unten. (Auf der Rückseite wiederholen.)

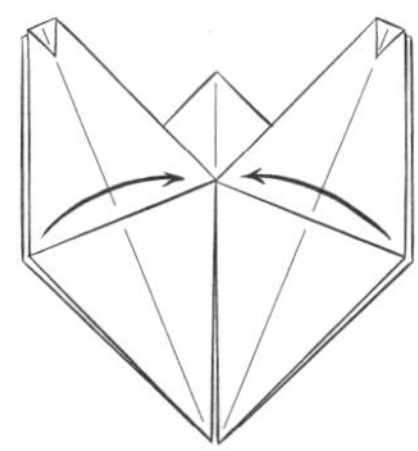

SCHRITT 6: Falten Sie die äußeren Ecken der obersten Schicht nach innen. (Auf der Rückseite wiederholen.)

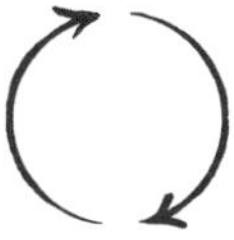

SCHRITT 7: Drehen Sie.

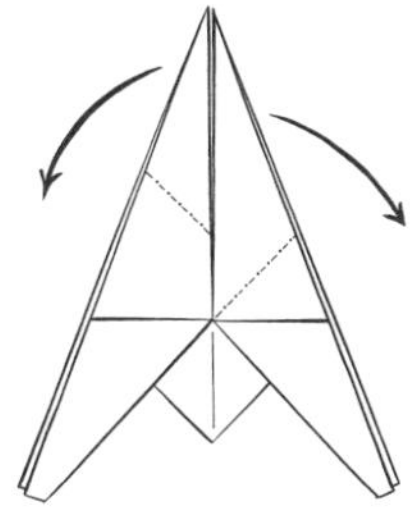

SCHRITT 8: Machen Sie eine innere Gegenbruch-Falte, sowohl für den Kopf als auch für den Schwanz.

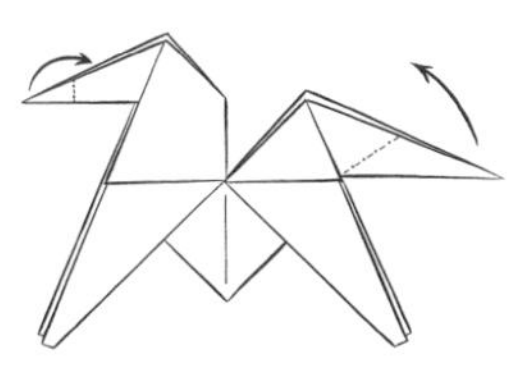

SCHRITT 9: Falten Sie die Schnauze nach innen, dann verzieren Sie den Schwanz mit einer weiteren inneren Gegenbruch-Falte.

Pony

Dieses verspielte kleine Pferdchen zu falten macht viel Freude. Der schwungvolle Schwanz zeigt, dass es zu allem bereit ist.

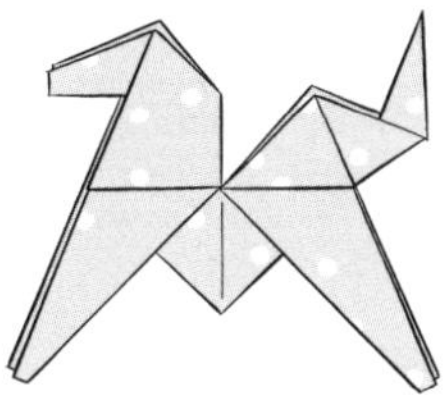

FERTIGES PONY

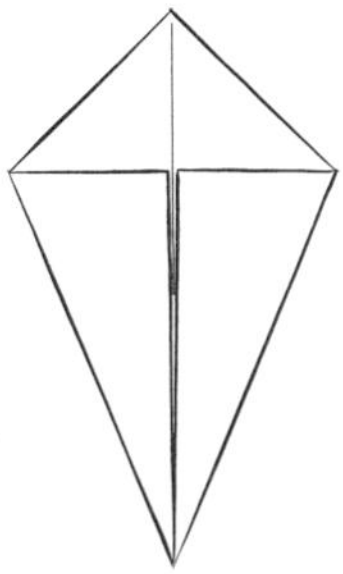

SCHRITT 1: Fangen Sie mit einer fertigen Drachenform an.

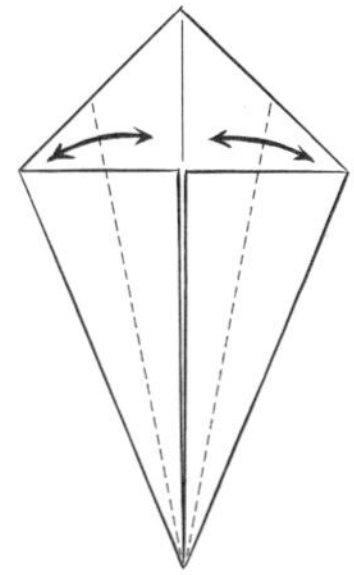

SCHRITT 2: Falten und entfalten Sie die äußeren Ecken zur Mitte.

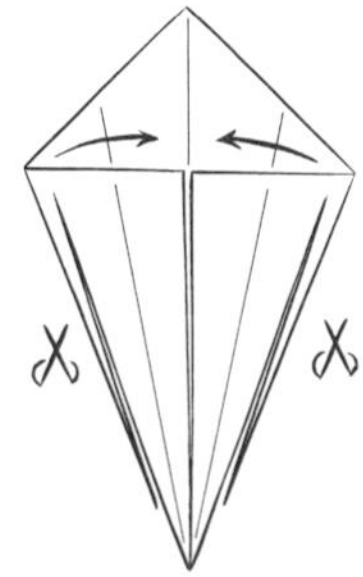

SCHRITT 3: Schneiden Sie für die Fühler dünne Streifen entlang der äußeren Faltkante, dann falten Sie wieder zur Mitte.

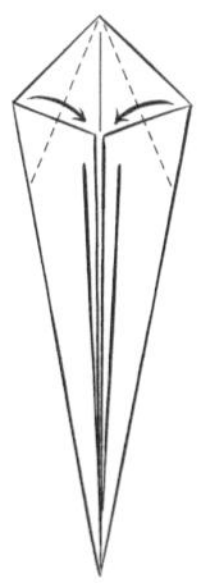

SCHRITT 4: Falten Sie die oberen Ecken ein

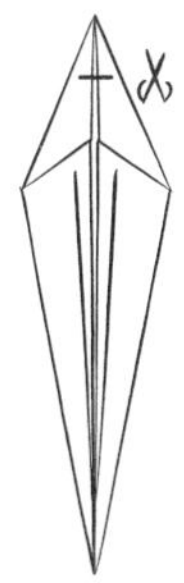

SCHRITT 5: Schneiden Sie einen Schlitz in etwa auf halber Höhe zwischen der Spitze und dem Punkt, wo sich die Faltungen treffen.

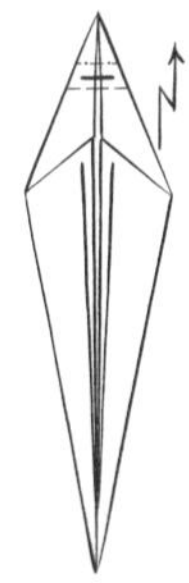

SCHRITT 6: Machen Sie eine Zick-Zack-Falte auf beiden Seiten des Schlitzes.

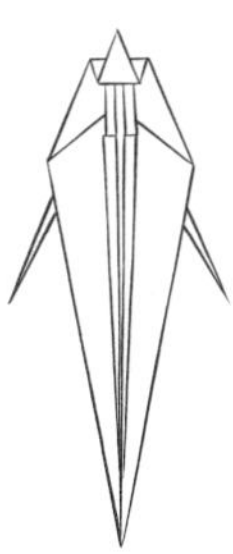

SCHRITT 7: Führen Sie die Fühler durch den Schlitz, dann hinten herum nach unten.

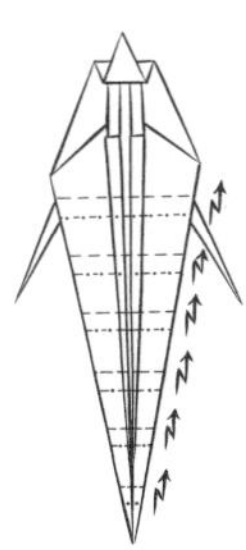

SCHRITT 8: Machen Sie etwa sechs Zick-Zack-Falten entlang des Körpers.

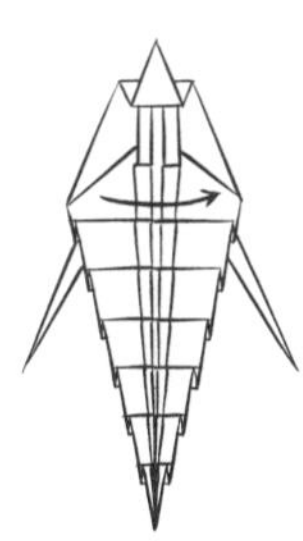

SCHRITT 9: Falten Sie zur Hälfte.

Shrimp

Wenige Schnitte formen die Fühler des Shrimp in diesem Diagramm. Sie sind entscheidend für dieses süße Krustentier. Wie sonst sollte es Nahrung in seiner sandigen Umgebung ausmachen?

SCHRITT 10: *Drehen Sie.*

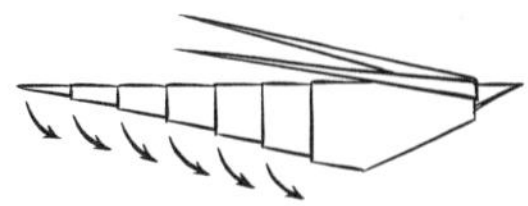

SCHRITT 11: *Ziehen Sie die Falten nach unten, um den Körper des Shrimp zurechtzubiegen.*

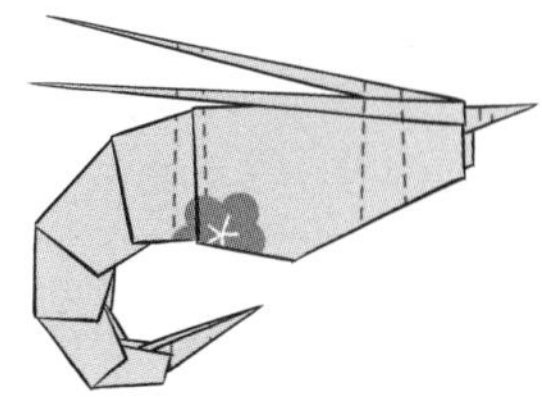

FERTIGER SHRIMP

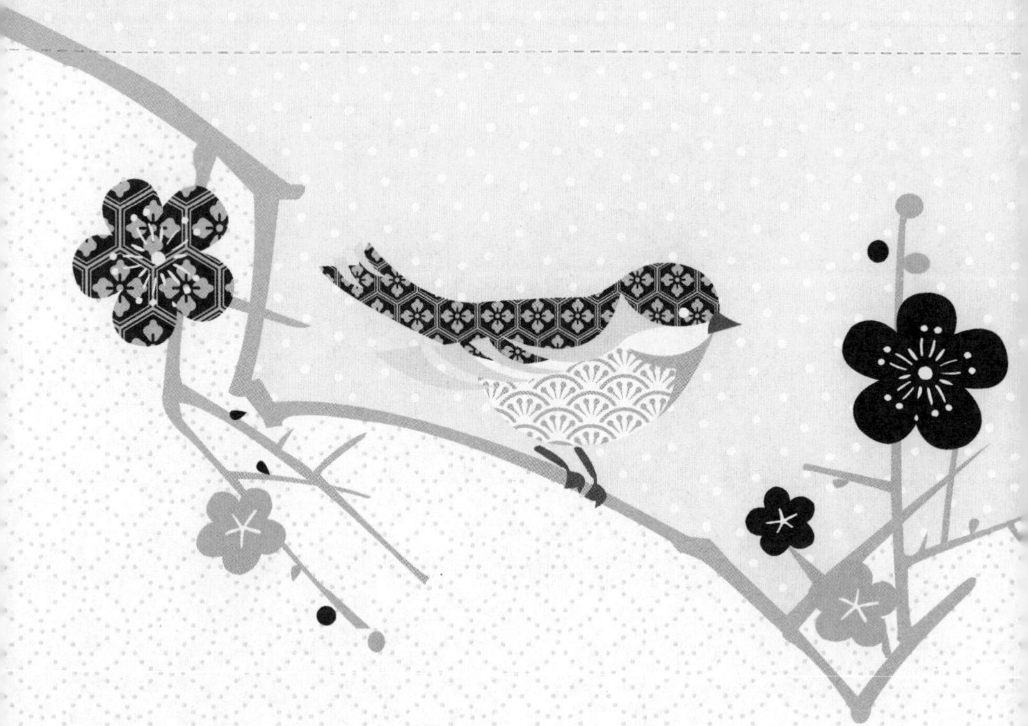